U0459264

书架【双色版】

战国策

[西汉]刘向◎选编

冯慧娟◎编

辽宁美术出版社

图书在版编目（CIP）数据

战国策 /（西汉）刘向选编 ; 冯慧娟编 . — 沈阳：
辽宁美术出版社，2017.12（2019.6 重印）
（全民阅读书架）
ISBN 978-7-5314-7854-6

Ⅰ . ①战… Ⅱ . ①刘… ②冯… Ⅲ . ①中国历史—战
国时代—史籍 Ⅳ . ① K231.04

中国版本图书馆 CIP 数据核字 (2017) 第 310598 号

出 版 社：辽宁美术出版社
地　　址：沈阳市和平区民族北街 29 号　邮编：110001
发 行 者：辽宁美术出版社
印 刷 者：北京一鑫印务有限责任公司
开　　本：787mm×1092mm　1/32
印　　张：5
字　　数：100 千字
出版时间：2017 年 12 月第 1 版
印刷时间：2019 年 6 月第 5 次印刷
责任编辑：孙郡阳
装帧设计：新华智品
责任校对：郝　刚
ISBN 978-7-5314-7854-6

定　　价：29.80 元

邮购部电话：024-83833008
E-mail：lnmscbs@163.com
http：//www.lnmscbs.cn
图书如有印装质量问题请与出版部联系调换
出版部电话：024-23835227

前言

　　《战国策》是战国时期谋臣策士游说和辩论的文献辑录，共33篇，490章，记述了从三家分晋到秦二世即位之间240余年的历史。相传为各国史官所作，后经刘向整理、编辑定名为《战国策》。后有缺失，北宋曾巩做了订补。

　　全书为叙事体，以记言为主，以国分类，反映了各诸侯国之间尖锐复杂的兼并斗争和谋臣策士往来游说的言行，开创了以人物为中心的纪传体之先河。

　　翻开此书，可以让你看到国家之间、集团之间的尖锐矛盾和激烈斗争。与此同时，你也可以领略到书中文字的华丽流畅，描写的生动精彩，故事情节的完整曲折，以及人物刻画的细腻深刻，在读史的同时，可以得到很高的文学享受。

战国策

目录

战国策

〇〇一

目录

战国策

目录

战国策

周策

战国策

秦兴师临周而求九鼎

【原文】

秦兴师临周而求九鼎，周君患之，以告颜率。颜率曰："大王勿忧，臣请东借救于齐。"颜率至齐，谓齐王曰："夫秦之为无道也，欲兴兵临周而求九鼎，周之君臣内自画计，与秦，不若归之大国。夫存危国，美名也；得九鼎，厚宝也。愿大王图之。"齐王大悦发师五万人，使陈臣思将以救周，而秦兵罢。

【译文】

秦国兴师，兵临城下威胁东周，向东周君索要九鼎（国宝）。周君为此忧心忡忡，就与朝中重臣颜率来商讨对策。颜率说："君王不必忧虑，可由臣往东去齐国借兵求救。"颜率到了齐国，对齐王说："如今秦王暴虐无道，兴强暴之师，兵临城下威胁周君，还索要九鼎。我东周君臣在宫廷内寻思对策，最终君臣一致认为：与其把九鼎送给暴秦，实在不如送给贵国。挽救面临危亡的国家必定美名传扬；能得到九鼎这样的国之珍宝，也确实是国家的大幸。但愿大王考虑这件事！"齐王一听非常高兴，立刻派遣五万大军，任命陈臣思为统帅前往救助东周，秦兵果然撤退。

【原文】

　　齐将求九鼎，周君又患之。颜率曰："大王勿忧，臣请东解之。"颜率至齐，谓齐王曰："周赖大国之义，得君臣父子相保也，愿献九鼎，不识大国何途之从而致之齐？"齐王曰："寡人将寄径于梁。"颜率曰："不可。夫梁之君臣欲得九鼎，谋之晖台之下、沙海之上，其日久矣。鼎入梁，必不出。"齐王曰："寡人将寄径于楚。"对曰："不可。楚之君臣欲得九鼎，谋之于叶庭之中，其日久矣。若入楚，鼎必不出。"王曰："寡人终何途之从而致之齐？"颜率曰："弊邑固窃为大王患之。夫鼎者，非效醯壶酱瓿耳，可怀挟提挈以至齐者；非效鸟集乌飞，兔兴马逝，漓然止于齐者。昔周之伐殷，得九鼎，凡一鼎而九万人輓之，九九八十一万人，士卒师徒，器械被具，所以备者称此。今大王纵有其人，何途之从而出？臣窃为大王私忧之。"齐王曰："子之数来者，犹无与耳。"颜率曰："不敢欺大国，疾定所从出，弊邑迁鼎以待命。"齐王乃止。

【译文】

　　当齐王准备向周君要九鼎，以兑现颜率的诺言时，周君又一次忧心忡忡。颜率说："大王不必担心，请允许臣去齐国解决这件事。"颜率来到齐国，对齐王说："这回我东周仰赖贵国的义举，才使周国得以平安无事，因此心甘情愿把九鼎献给大王，但是却不知贵国要借哪条道路把九鼎从东周运回到齐国？"齐王说："寡人准备借道梁国。"

颜率说："不可以借道梁国。因为梁国君臣很早就想得到九鼎，他们在晖台和少海一带谋划这件事已很长时间了。所以九鼎一旦进入梁国，必然很难再出来。"于是齐王又说："那么寡人准备借道楚国。"颜率回答："这也行不通。因为楚国君臣为了得到九鼎，很早就在叶庭（地方名）进行谋划。假如九鼎进入楚国，也绝对不会再运出来"。齐王说："那么寡人究竟从哪里把九鼎运到齐国呢？"

颜率说："我东周君臣也在私下为大王这件事忧虑。因为所谓九鼎，并不是像醋瓶子或酱罐子一类的东西，可以提在手上或揣在怀中就能拿到齐国；也不像群鸟聚集、乌鸦飞散、兔子奔跳、骏马疾驰那样飞快地进入齐国。当初周武王伐殷纣王获得九鼎之后，为了拉运一鼎就动用了九万人，九鼎就是九九八十一万人。士兵、工匠需要的数量难以计数，此外还要准备相应的搬运工具和被服粮饷等物资。如今大王即使有这种人力和物力，也不知道从哪条路把九鼎运回齐国。所以臣一直在私下为大王担忧。"

齐王说："贤卿屡次来我齐国，说来说去还是不想把九鼎给寡人了！"颜率赶紧解释说："臣怎敢欺骗贵国，只要大王能赶快决定从哪条路搬运，我东周君臣可迁移九鼎听候命令。"齐王终于打消了获得九鼎的念头。

东周欲为稻

【原文】

　　东周欲为稻，西周不下水，东周患之。苏子谓东周君曰："臣请使西周下水，可乎？"乃往见西周之君曰："君之谋过矣！今不下水，所以富东周也。今其民皆种麦，无他种矣。君若欲害之，不若一为下水，以病其所种。下水，东周必复种稻；种稻而复夺之。若是，则东周之民可令一仰西周，而受命于君矣。"西周君曰："善。"遂下水。苏子亦得两国之金也。

苏秦刺股苦读

【译文】

　　东周想种水稻，西周不放水，东周人为此很忧虑。苏秦就对东周国君说："请让我去西周说服他们放水，可以吗？"于是他便去拜见西周国君，说："您的主意打错了！现在不放水，反而使东周有了致富的机会。现在东周的百姓都种麦子，没有种其他东西。您如果想坑害他们，不如一下子给他们放水，去破坏他们所种的麦子。放了水，东周一定又改种水稻；种上水稻就再给他们停水。这

苏秦归家妻不下机

样一来，就可以使东周的百姓完全依赖于西周而听命于您了。"西周国君说："好。"于是就放水了。苏秦因此得到了两国赏金。

杜赫欲重景翠于周

【原文】

杜赫欲重景翠于周，谓周君曰："君之国小，尽君之重宝珠玉以事诸侯，不可不察也。譬之如张罗者，张于无鸟之所，则终日无所得矣；张于多鸟处，则又骇鸟矣。必张于有鸟无鸟之际，然后能多得鸟矣。今君将施于大人，大人轻君；施于小人，小人无可以求，又费财焉。君必施于今之穷士，不必且为大人者，故能得欲矣。"

【译文】

杜赫想让东周重用楚将景翠，就对东周君说："您的国家很小，倾尽您的珍宝侍奉显赫诸侯来笼络人心的方法，不是太适合，应该好好反思一下。比如张网捕鸟，把网设在没有鸟的地方，永远也不会捕到鸟；把网设在鸟多的地方，又容易使鸟惊觉，会把鸟惊飞。只有把网设在有鸟而鸟不多的地方，才会捕到很多鸟。如今您把钱花在声名显赫的人身上，可这些人却瞧不起您；把钱花在普通人身上吧，您对这些人指望不了什么、无所企求，又浪费钱财。君王只有把钱花在暂时穷困潦倒，现在并不显赫、将来一定成大器的人身上，才能实现自己的愿望。"

名句：故大臣得誉，非国家之美也。
故众庶成强，增积成山。（卷一◎东
周策）

•••••• 前339年

周策 ＞ | 昌他亡西周 ＞ | 卷一

战国策

昌他亡西周

【原文】

昌他亡西周，之东周，尽输西周之情于东周。东周大喜，西周大怒。冯且曰："臣能杀之。"君予金三十斤。冯且使人操金与书，间遗昌他。书曰："告昌他，事可成，勉成之；不可成，亟亡来。事久且泄，自令身死。"因使人告东周之候曰："今夕有奸人当入者矣。"候得而献东周，东周立杀昌他。

东周圜钱

【译文】

西周大臣昌他叛逃出西周，去了东周，把西周的国家机密全部泄露给了东周。东周十分高兴，西周知道后愤怒万丈。西周大臣冯且对西周君说："我有办法杀掉昌他。"西周君给冯且三十斤黄金。冯且当即叫人拿着黄金和一封反间信，越境送给在东周的昌他。

西周圜钱

信上写道："敬告昌他：如果事情可以办成，你就尽量努力办成；如果办不成，就赶快逃回来。时间长了事情可能会败露，你就会自身难保。"同时，冯且又派人告诉东周边境的东周探子说："今晚有奸细要入境。"东周探子果然捕到送信人，搜出书信献给东周君，东周君立刻将昌他杀掉。

战国策

薛公以齐为韩、魏攻楚

【原文】

薛公以齐为韩、魏攻楚，又与韩、魏攻秦，而藉兵乞食于西周。韩庆为西周谓薛公曰："君以齐为韩、魏攻楚，九年而取宛、叶以北以强韩、魏，今又攻秦以益之。韩、魏南无楚忧，西无秦患，则地广而益重，齐必轻矣。夫本末更盛，虚实有时，窃为君危之。君不如令弊邑阴合于秦而君无攻，又无藉兵乞食。君临函谷而无攻，令弊邑以君之情谓秦王曰：'薛公必不破秦以张韩、魏，所以进兵者，欲王令楚割东国以与齐也。'秦王出楚王以为和，君令弊邑以此忠秦，秦得无破而以楚之东国自免也，必欲之。楚王出，必德齐，齐得东国而益强，而薛世世无患。秦不大弱而处之三晋之西，三晋必重齐。"薛公曰："善。"因令韩庆入秦，而使三国无攻秦，而使不藉兵乞食于西周。

【译文】

薛公（齐国孟尝君）利用齐国联合韩、魏攻打楚国，又联合韩、魏攻打秦国，因而向西周借兵求粮。韩庆（在西周做官）为了西周的利益对薛公说："您率领齐军为韩、魏攻打楚国，九年才攻下宛和叶以北地区，结果却增

孟尝君画像

市义不家营窟无窟高枕发
何忽为霞淡食客三千云何仓平
薛县荒保岁遗骨洗经馆主题

战国策

一○

名句：攻周，实不足以利国，而声畏天下。天下以声畏秦，必东合于齐。
（卷二◎西周策）

……前270年

周策 > | 薛公以齐为韩、魏攻楚 > | 卷二

强了韩、魏的势力。如今又联合攻打秦国，更增加了韩、魏的势力。韩、魏两国南边没有对楚国侵略的担忧，西边没有对秦国的恐惧，这样地多辽阔的两国愈加显得重要和尊贵，而齐国却因此显得轻贱了。犹如树木的树根和枝梢更迭盛衰，事物的强弱也会因时而变化，我私下替您感到不安。您莫如使我们西周暗中与秦和好，而您不要真的攻秦，也不必要向我国借兵求粮。您兵临函谷关而不要进攻，让我国把您的意图对秦王说：'薛公肯定不会攻打秦国来扩大韩、魏的实力。他之所以进兵，是企图让楚国割让东国给齐。'这样，秦王将会放回楚怀王来与齐保持和好关系（当时楚怀王被秦昭公以会盟名义骗入秦地，并被扣押）。然后您再叫我们西周为此而施惠于秦。秦国得以不被攻击，而用楚的东国使自己免除灾难，肯定会愿意去做。楚王得以归国，必定感激齐国。齐国得到楚国的东国而愈发强大，而薛公您的地盘也就世世代代没有忧患了。秦国并不太衰弱，处于三晋（韩、赵、魏）的西邻，三晋也必来尊事齐国。"薛公说："很好。"因而派遣韩庆入秦，使齐、韩、魏三国停止攻秦，从而让齐国不向西周借兵求粮。

释义：取得西周并没有什么实际利益，却会使天下恐惧，诸侯就必然向东与齐国联合。

秦欲攻周

【原文】

秦欲攻周，周最谓秦王曰："为王之国计者，不攻周。攻周，实不足以利国，而声畏天下。天下以声畏秦，必东合于齐。兵弊于周，而合天下于齐，则秦孤而不王矣。是天下欲罢秦，故劝王攻周。秦与天下俱罢，则令不横行于周矣。"

【译文】

秦国打算进攻西周，周最对秦王说："为君王的国家考虑，不能进攻西周。如果进攻西周，珍奇、宝物、土地等不可能有利于贵国，您得到了讨伐天子的恶名，将会被诸侯所唾弃。如果诸侯们借讨伐天子的恶名唾弃了秦国，就必然向东与齐国联合。您的兵力因进攻西周被耗损，而又促使诸侯与齐国联合，那么，秦国就会处于孤立的地位，不能统帅诸侯了。这是由于

秦国兵士复原图

名句：故一发不中，前功尽矣。（卷二◎西周策）释义：因此一旦有一箭没有射中，之前的声望就全消糜了。

……前281年

周策 > | 秦欲攻周 > | 卷二

诸侯想困顿秦国，才劝您进攻西周。如果秦国被诸侯所困顿，自然不能向他们发号施令，统一天下了。"

秦策

名句：兵胜于外，义强于内；威立于上，民服于下。（卷三◎秦策一） ······ **前312年**

秦策 > 卫鞅亡魏入秦 > 卷三

战国策

〇一六

卫鞅亡魏入秦

【原文】

卫鞅亡魏入秦，孝公以为相，封之于商，号曰商君。商君治秦，法令至行，公平无私，罚不讳强大，赏不私亲近。法及太子，黥劓其傅。期年之后，道不拾遗，民不妄取，兵革大强，诸侯畏惧。然刻深寡恩，特以强服之耳。

孝公行之八年，疾且不起，欲传商君，辞不受。

商鞅

孝公已死，惠王代后，莅政有顷，商君告归。人说惠王曰："大臣太重者国危，左右太亲者身危。今秦妇人婴儿皆言商君之法，莫言大王之法，是商君反为主，大王更为臣也。且夫商君固大王仇雠也，愿大王图之。"商君归还，惠王车裂之，而秦人不怜。

【译文】

卫鞅从魏国逃到秦国，秦孝公任用他为丞相，把商地分封给他，号称"商君"。商君治理秦国，雷厉风行，公平无私。惩罚，不忌避威势强大的贵族；奖赏，不偏私关系特殊的亲信。法令实施至于太子，依法处置；太子老师犯法，处以黥、劓之刑。一年之后，路上没人拾取遗失的东西，百姓不乱取非分的财物，国力大大加强，诸侯个个畏惧。但刑罚严酷，缺少仁恩，只是用强力压服人而已。

孝公实行商君新法十八年后，重病卧床不起，打算传位给商君，商君辞谢不受。

孝公死后，惠王继

商鞅之死

位，执政不久，商君请求告老还乡，回到魏国。有人游说惠王说："大臣权力太重会危及国家，左右近臣太亲会危及自身。现在国内连妇女、儿童都说法令是商君的法令，并不说是大王的法令。这样，商君反为人主，而大王反变为人臣了。况且商君本来就是大王的仇人，希望大王想办法对付他吧。"商君归魏不成，只好返回。惠王即以五马分尸的酷刑处死了商鞅，而秦国人并不表示同情。

战国策

苏秦始将连横

【原文】

苏秦始将连横，说秦惠王曰："大王之国，西有巴、蜀、汉中之利，北有胡貉、代马之用，南有巫山、黔中之限，东有肴、函之固。田肥美，民殷富，战车万乘，奋击百万，沃野千里，蓄积饶多，地势形便，此所谓天府，天下之雄国也。以大王之贤，士民之众，车骑之用，兵法之教，可以并诸侯，吞天下，称帝而治。愿大王少留意，臣请奏其效。"

【译文】

苏秦起初以连横政策游说秦惠王，说："大王之国，西边有巴、蜀、汉中，可以取得农业之利；北边有胡地产的貉和代地产的马，可以供给战备之用；南边有巫山、黔中这样险阻的重地；东边有崤山、函谷关这样坚固的要塞。农田肥沃而优良，民众众多而富裕，战车万辆，勇士百万，沃野千里，物产丰富，地理形势有利。这真是上天赐给您的天然府库，是天下最强大的国家了。凭大王的贤能，军民的众多，战车、马队训练得法，士卒作战训练有方，完全可以兼并诸侯、侵吞天下、统一四海、称帝而治。希望大王稍加注意。请允许我用实际情况说明其效果。"

【原文】

秦王曰："寡人闻之，毛羽不丰满者，不可以高飞；文章不成者，不可以诛罚；道德不厚者，不可以使民；政教不顺者，不可以烦大臣。今先生俨然不远千里而庭教之，愿以异日。"

苏秦曰："臣固疑大王之不能用也。昔者神农伐补遂，黄帝伐涿鹿而禽蚩尤，尧伐骓兜，舜伐三苗，禹伐共工，汤伐有夏，文王伐崇，武王伐纣，齐桓任战而伯天下。由此观之，恶有不战者乎？古者使车毂击驰，言语相结，天下为一；约从连横，兵革不藏；文士并饬，诸侯

杨柳青年画《苏秦六国封相》

战国策

乱惑；万端俱起，不可胜理；科条既备，民多伪态；书策稠浊，百姓不足；上下相愁，民无所聊；明言章理，兵甲愈起；辩言伟服，战攻不息；繁称文辞，天下不治；舌弊耳聋，不见成功；行义约信，天下不亲。于是，乃废文任武，厚养死士，缀甲厉兵，效胜于战场。夫徒处而致利，安坐而广地，虽古五帝、三王、五伯、明主贤君，常欲坐而致之，其势不能，故以战续之。宽则两军相攻，迫则杖戟相撞，然后可建大功。是故兵胜于外，义强于内，威立于上，民服于下。今欲并天下，凌万乘，诎敌国，制海内，子元元，臣诸侯，非兵不可。今之嗣主，忽于至道，皆惛于教，乱于治，迷于言，惑于语，沉于辩，溺于辞。以此论之，王固不能行也。"

【译文】

惠王说："寡人听说：'羽毛不丰满的雀鸟，不能冲天高飞；法令不完备的国家，不能用刑罚；对民众少恩少惠，不能驱使百姓；政教不顺人心，不能劳烦大臣。'现在先生不远千里而来，郑重地当面指教，希望日后再聆听您的教导。"

苏秦说："我已料到大王不可能听取我的意见。过去神农讨伐补遂，黄帝讨伐涿鹿擒获蚩尤酋长，尧帝征伐骧兜，舜帝征伐三苗，禹帝征伐共工，商汤征伐夏桀，文王征伐崇侯，武王征伐殷纣，齐桓公凭战争而称霸天下。由此看来，哪有不用战争的道理呢？古时候，出使的车辆络绎不绝，外交使节互结同盟，天下才得以统一。即使这样，或言合纵，或言连横，但也从未停止过使用武力；当外交、军事同时并用，则诸侯混乱；各种问题同时发生，则来不及处理；法令条款齐备，民众反而奸诈；政令繁多杂乱，百姓就无所适从；上下互相埋怨，民众就无所依赖；空洞的道理虽在不厌其烦地讲述，而使用武力之事却在愈来愈频繁地发生；巧言善辩，奇装异服，战争却没有一日停息；书策繁乱，言辞驳杂，天下却不能治理；说的人说得舌烂，听的人听得耳聋，却不见什么成效；推行仁义，订立盟约，然而天下并不因此而亲善。于是，才废弃文治，使用武力，多养敢死之士，修缮铠甲，磨砺兵器，以取胜于战场。如果无所事事，无所作为，不进行战争就想获利，安坐不动就想扩充土地，即使五帝、三王、五伯、明主贤君，总想坐待成功，那也是势难奏效。因此还得用战争来继续解决问题。如果两军相距遥远，就互相进攻；相距迫近，就白刃交锋，然后才可以建立大功。所以，军队得胜于外，正义治强于内；威权建立于上，民众服从于下。现在，想要吞并天下，控制大国，击败敌人，统治海内，扶爱百姓，臣服诸侯，非战争不可。但是，现在的君王，偏偏忽视了这一极其重要的道理，他们都被那些众说纷纭的所谓治国的说教弄昏了头脑，迷惑于那些巧舌善辩的言辞，沉醉于那夸夸其谈的空论之中。由此说来，大王必然不会采用我的主张。"

秦宣太后爱魏丑夫

【原文】

秦宣太后爱魏丑夫，太后病将死，出令曰："为我葬，必以魏子为殉。"魏子患之，庸芮为魏子说太后曰："以死者为有知乎？"太后曰："无知也。"曰："若太后之神灵，明知死者之无知矣，何为空以生所爱，葬于无知之死人哉？若死者有知，先王积怒之日久矣。太后救过不赡，何暇乃私魏丑夫乎？"太后曰："善。"乃止。

【译文】

秦宣太后私通大臣魏丑夫，后来宣太后生病将死，拟下遗命："如果我死了，一定要魏丑夫为我殉葬。"魏丑夫听说此事，忧虑不堪，幸亏有秦臣庸芮肯为他出面游说宣太后："太后您认为人死之后，冥冥之中还能知觉人间的事情吗？"宣太后说："人死了当然什么都不会知道了。"庸芮于是说："像太后这样明智的人，明明知道人死了不会有什么知觉，为什么还要平白无故地把自己所爱的人置于死地呢？假如死人还知道什么的话，那么先王早就对太后恨之入骨了。太后赎罪还来不及呢，哪里还敢和魏丑夫有私情呢？"宣太后觉得庸芮说得有理，就放弃了让魏丑夫为自己殉葬的念头。

范雎至秦

【原文】

范雎至秦，王庭迎，谓范雎曰："寡人宜以身受令久矣，今者义渠之事急，寡人日自请太后。今义渠之事已，寡人乃得以身受命。躬窃闵然不敏，敬执宾主之礼。"范雎辞让。

是日见范雎，见者无不变色易容者。秦王屏左右，宫中虚无人。秦王跪而请曰："先生何以幸教寡人？"范雎曰："唯唯。"有间，秦王复请，范雎曰："唯唯。"若是者三。

【译文】

范雎来到秦宫，秦王亲自到大厅迎接。秦王对范雎说："我早就该亲自来领受您的教导。正碰上要急于处理义渠国的事务，而我每天又要亲自给太后问安。现在义渠国的事已经处理完毕，我这才能够亲自领受您的教导。我深深感到自己愚蠢糊涂。"于是秦王以正式的宾主礼仪接待了范雎，范雎也表示谦让。

这天，凡是见到范雎的人，没有不肃然起敬、另眼看待的。秦王把左右的人支使出去，宫中只剩下他们两个人，秦王直起腰腿，跪身请求说："先生怎样来教导我呢？"范雎只是"啊啊"了两声。过了一会儿，秦王再次请求，范雎还是"啊啊"了两声。就这样一连三次。

【原文】 ┉┉┉┉┉┉┉┉┉┉┉┉┉┉┉┉┉

　　秦王跽曰："先生不幸教寡人乎？"范雎谢曰："非敢然也。臣闻始时吕尚之遇文王也，身为渔父而钓于渭阳之滨耳。若是者，交疏也。已一说而立为太师，载与俱归者，其言深也。故文王果收功于吕尚，卒擅天下而身立为帝王。即使文王疏吕望而弗与深言，是周无天子之德，而文、武无与成其王也。今臣，羁旅之臣也，交疏于王，而所愿陈者，皆匡君臣之事，处人骨肉之间。愿以陈臣之陋忠，而未知王心也，所以王三问而不对者是也。臣非有所畏而不敢言也。知今日言之于前，而明日伏诛于后。然臣弗敢畏也。大王信行臣之言，死不足以为臣患，亡不足以为臣忧，漆身而为厉，被发而为狂，不足以为臣耻。五帝之圣而死，三王之仁而死，五伯之贤而死，乌获之力而死，奔、育之勇焉而死。死者，人之所必不免也。处必然之势。可以少有补于秦，此臣之所大愿也，臣何患乎？伍子胥橐载而出昭关，夜行而昼伏，至于菱水，无以饵其口，坐行蒲服，乞食于吴市，卒兴吴国，阖庐为霸。使臣得进谋如伍子胥，加之以幽囚，终身不复见，是臣说之行也，臣何忧乎？箕子、接舆，漆身而为厉，被发而为狂，无益于殷、楚。使臣得同行于箕子、接舆，可以补所贤之主，是臣之大荣也，臣又何耻乎？臣之所恐者，独恐臣死之后，天下见臣尽忠而身蹶也，是以杜口裹足，莫肯即秦耳。足下上畏太后之严，下惑奸臣之态；居深宫之中，不离保傅之手。终身暗惑，无与照奸。大者宗庙灭覆，小者身以孤危。此臣之所恐耳！若夫穷辱之事，死亡之患，臣弗敢畏也。臣死而秦治，贤于生也。"

【译文】

　　秦王长跪说："先生硬是不教导我了吗？"范雎便恭敬地解释说："我并不敢这样。我听说，当初吕尚与文王相遇的时候，他只是一个渔夫，在渭河钓鱼而已。那时，他们交情疏远。此后，当吕尚一进言，就被尊为太师，和文王同车回去，这是因为他谈得很深刻的缘故。所以文王终于因吕尚而建立了功业，最后掌握了天下的大权，自己立为帝王。如果文王当时疏远吕尚，不与他深谈，周朝就不可能有天子的圣德，而文王、武王也不可能成就帝王的事业。现在，我只是个旅居在秦国的宾客，与大王交情疏远，但是希望陈述的又都是纠正君王政务的大事，而且还将干预骨肉之亲。我本想陈述我的愚忠，可又不知大王的心意如何，所以大王三次问我，我都没有回答。我并不是有什么畏惧而不敢进言，我知道，今天在大王面前说了，明天随后就会遭到杀身之祸。但是，我并不畏惧。大王真能按照我的计谋去做，我即使身死，也不会以为是祸患；即使流亡，也不会以此为忧虑；即使身上涂漆长出毒疮，披头散发成为狂人，也不会以此为耻辱。五帝是天下的圣人，但终究会死；三王是天下的仁人，但终究会死；五伯是天下的贤人，但终究会死；乌获是天下的大力士，但终究会死；孟贲、夏育是天下的勇士，但终究会死。死，是人人都不可避免的，这是自然界的必然规律。如果能够稍有补益于秦国，这是我最大的愿望，我还有什么可忧虑的呢？伍子胥当年是躲藏在口袋里逃出昭关的，他晚上出行，白天躲藏，到了菱水，吃不上饭饿着肚皮，双膝跪地，双手爬行，在吴市讨饭度日，但终于帮助阖庐复兴了吴国，使吴王阖庐建立了霸业。如果让我像伍子胥一样能呈献计谋，即使遭到囚禁，终生不再出狱，只要能实现我的计谋，我还有什么可忧虑的呢？当初殷朝的箕子，楚国的接舆，漆身为癞，披发为狂，却终究无益于殷、楚。如果使我与箕子、接舆有同样的遭遇，也漆身为癞，只要有益于圣明的君王，这就是我最大的光荣，我又有什么可感到耻辱的呢？我所担心的是，我死了以后，人们见到我这样尽忠于大王，终究还是身死，因此都闭口不言，裹足不前，不肯到秦国来。大王对上畏惧太后的威严，对下又迷惑于奸臣的伪作；住在深宫之中，不离保傅之手。终身迷惑糊涂，不能了解坏人坏事。这样，大而言之，则使得国家遭受灭亡之祸；小而言之，则使得自己处于孤立的危境。这就是我所担心害怕的。至于穷困、受辱这样的事，身死、流浪这样的不幸，并不是我所害怕的。如果我死了，秦国却治理得很好，这比我活着更要好得多。"

【原文】

秦王跽曰："先生是何言也！夫秦国僻远，寡人愚不肖，先生乃幸至此，此天以寡人恩先生，而存先王之庙也。寡人得受命于先生，此天所以幸先王而不弃其孤也。先生奈何而言若此！事无大小，上及太后，下至大臣，愿先生悉以教寡人，无疑寡人也。"范雎再拜，秦王亦再拜。

范雎曰："大王之国，北有甘泉、谷口，南带泾、渭，右陇、蜀，左关、阪；战车千乘，奋击百万。以秦卒之勇，车骑之多，以当诸侯，譬若驰韩卢而逐蹇兔也，霸王之业可致。今反闭关而不敢窥兵于山东者，是穰侯为国谋不忠，而大王之计有所失也。"

【译文】

秦王长跪着说："先生怎么说出这样的话呢？秦国是个偏僻边远的国家，我又是个没有才能的愚人，幸亏先生能到我国来，这是上天要让我来烦扰先生，使得先王留下的功业不致中断。我能接受先生的教导，这是上天要先生扶助先王，不抛弃我。先生怎么说出这样的话呢？今后事无大小，上至太后，下及大臣，所有一切，都希望先生一一给我教导，千万不要对我有什么疑惑。"范雎因而再次拜谢，秦王也再次回拜。

范雎说："大王的国家，北有甘泉、谷口，南绕泾水、渭水，西有陇坻、蜀山的险塞，东有函谷、崤山的阻隔；有战车千辆，勇士百万。凭秦兵如此之勇，车骑如此之多，以这样的实力来对付诸侯，就像驱使良犬韩卢去追逐跛足的兔子一样，霸王之业拱手可得。现在您却紧闭关口，不敢出兵对付崤山以东的诸侯，这是因为穰侯魏冉为国出谋不忠，大王决定大计也有所失误的缘故。"

【原文】

王曰："愿闻所失计。"

战国策

　　雎曰："大王越韩、魏而攻强齐，非计也。少出师则不足以伤齐，多之则害于秦。臣意王之计，欲少出师而悉韩、魏之兵，则不义矣。今见与国之不可亲，越人之国而攻，可乎？疏于计矣！昔者，齐人伐楚，战胜，破军杀将，再辟千里，肤寸之地无得者，岂齐不欲地哉，形弗能有也。诸侯见齐之罢露，君臣之不亲，举兵而伐之，主辱军破，为天下笑。所以然者，以其伐楚而肥韩、魏也。此所谓藉贼兵而赍盗食者也。王不如远交而近攻，得寸则王之寸，得尺亦王之尺也。今舍此而远攻，不亦缪乎？且昔者中山之地方五百里，赵独擅之，功成、名立、利附焉，则天下莫能害。今韩、魏，中国之处，而天下之枢也。王若欲霸，必亲中国而以为天下枢，以威楚、赵。赵强则楚附，楚强则赵附。楚、赵附则齐必惧，惧必卑辞重币以事秦。齐附而韩、魏可虚也。"

【译文】

　　秦王说："请您告诉我，决定的大计有哪些失误？"

　　范雎说："大王越过韩、魏，去进攻齐国，这是打错了主意。因为出兵少，就不足以损伤齐国；出兵多，又对秦国有害。我猜测，大王的计谋是，自己少出兵，而让韩、魏全力以赴对付齐国，但这样是不恰当的。现在的情况很清楚，盟国是不可信赖的，越过别国去进攻敌国，难道可以吗？这样实在是大大地失算了。从前齐国越过别国，去攻打楚国，在垂沙一战中，战胜了楚军，杀掉了楚将又开辟了千里的领土，结果是尺寸之地一无所得。难道是齐国不想扩充土地吗？不是的。这是因为形势不允许让齐国得到土地。诸侯见到齐国军队疲劳，君臣之间又互不信任，于是出兵进攻。结果齐国兵败，齐王逃走，被诸侯耻笑。之所以会这样，就是因为齐国越过别国去进攻楚国，让韩、魏乘其疲惫而得利的缘故。这就是所说的'把武器借给贼寇，把粮食送给强盗'，让自己受害，让别人得利的愚蠢做法。大王不如实行远交近攻的策略，这样，得了一寸土地就是大王的一寸土地，得了一尺土地就是大王的一尺土地。可现在您不这样做，却去实行远攻，这不是太荒谬了吗？况且从前中山国方圆五百里的土地，被赵国灭亡以后，一国独揽，成就了功业，显扬了名声，得到了好处，诸侯都不能伤害。现在韩、魏处于中原之地，是天下的中枢。大王如果想建立霸业，必须使韩、魏亲附，并以它们为天下的中枢，进一步去威胁楚、赵两国。如果赵国强大就使楚国亲附秦国，如果楚国强大就使赵国亲附秦国，楚、赵两国都亲附秦国，齐国就必定害怕秦国，也一定会言语谦恭，用大量钱财来讨好秦国。齐国既已亲附秦国，到那时，灭亡韩、魏只是举手之劳罢了。"

【原文】

王曰："寡人欲亲魏，魏多变之国也，寡人不能亲。请问亲魏奈何？"范雎曰："卑辞重币以事之；不可，削地而赂之；不可，举兵而伐之。"于是举兵而攻邢丘，邢丘拔，而魏请附。

战国策

名句：君与知之者谋之，而与不知者
败之，使此知秦国之政也，则君一举
而亡国矣。（卷四◎秦策二）

……前310年

秦策 > ｜ 范雎至秦 > ｜ 卷五

曰："秦、韩之地形，相错如绣。秦之有韩，若木之有蠹，人之病心腹。天下有变，为秦害者莫大于韩。王不如收韩。"王曰："寡人欲收韩，不听，为之奈何？"

范雎曰："举兵而攻荥阳，则成皋之路不通；北斩太行之道，则上党之兵不下；一举而攻荥阳，则其国断而为三。韩见必亡，焉得不听？韩听而霸事可成也。"王曰："善。"

【译文】

秦王说："我是想让魏国来亲附，可是魏国反复无常，我不能使它亲附。请问如何才能使它亲附呢？"范雎说："您可以言语谦恭，多给钱财去讨好它；这样不行，就割地送给它；还不行，就出兵讨伐它。"秦王于是出兵进攻魏国的邢丘。攻下了邢丘，魏国终于要求亲附秦国。

范雎又对秦王说："秦、韩两国接壤，地势就像锦绣一样交错。韩国对秦国来说，就像树心生了蠹虫，人患了心腹之病一样。一旦天下发生变故，对秦国危害最大的莫过于韩国。大王不如先去制服它。"秦王说："我想制服韩国，可是，韩国不听从，怎么办呢？"

范雎说："可出兵进攻荥阳，这就能使去成皋的道路不通了；北面切断了太行的道路，就能使上党的援兵被截住；这样，大王一出兵，就可将韩国分隔为三段，互不照应。韩国见自己必定灭亡，哪有不听从之理呢？如果韩国听从，那么大王的霸业就可以建成。"秦王说："好！"

战国策

应侯失韩之汝南

【原文】

应侯失韩之汝南。秦昭王谓应侯曰："君亡国，其忧乎？"应侯曰："臣不忧。"王曰："何也？"曰："梁人有东门吴者，其子死而不忧，其相室曰：'公之爱子也，天下无有。今子死不忧，何也？'东门吴曰：'吾尝无子，无子之时不忧；今子死，乃即与无子时同也。吾奚忧焉？'臣亦尝为子，为子时不忧；今亡汝南，乃与即为梁余子同也。臣何为忧？"

秦王以为不然，以告蒙傲曰："今也，寡人一城围，食不甘味，卧不便席。今应侯亡地而言不忧。此其情也？"蒙傲曰："臣请得其情。"

蒙傲乃往见应侯，曰："傲欲死。"应侯曰："何谓也？"曰："秦王师君，天下莫不闻，而况于秦国乎？今傲势得秦为王将，将兵，臣以韩之细也，显逆诛，夺君地，傲尚奚生？不若死。"应侯拜蒙傲曰："愿委之卿。"蒙傲以报于昭王。

自是之后，应侯每言韩事者，秦王弗听也，以其为汝南虏也。

【译文】

应侯范雎失去了封邑汝南。秦昭王对应侯说："贤卿

战国策

丧失自己的封地汝南以后，是不是很难过呢？"范雎回答说："臣并不难过。"昭王说："为什么不难过？"范雎说："梁国有一个叫东门吴的人，他的儿子虽然死了，可是他并不感到忧愁，因此他的管家就问他：'主人您疼爱儿子，可以说是天下少见。现在不幸儿子死了，为什么不难过呢？'东门吴回答说：'我当初本来没儿子，没儿子时并不难过；现在儿子死了，等于恢复没儿子时的原状。我为什么难过呢？'臣当初只不过是一个小民，当平民的时候并不忧愁；如今失去封地汝南，就等于恢复原来平民身份。我又有什么好难过的呢？"

秦昭王不信，于是就对将军蒙傲说："如果有一个城池被敌人围困，寡人就会愁得寝食不安。可是范雎丢了自己的封土，反而说自己毫不难过。这是实情吗？"蒙傲说："让我去了解一下，到底是怎么回事。"

蒙傲就去拜会范雎说："我想要自杀！"范雎很惊讶："将军你怎么能说这种话呢？"蒙傲回答说："君王拜阁下为师，全天下的人都知道这件事，何况是秦国人呢？现在我蒙傲侥幸成为秦国将军，率领军队，眼看弱小的韩国竟敢违逆秦国夺走阁下的封土，我蒙傲还有什么脸活着？还不如早点死了好！"范雎赶紧向蒙傲答拜说："我愿意把夺回汝南之事托付给您！"于是蒙傲就把范雎的话回奏昭王。

从此每当范雎谈论到韩国，秦昭王就不想再听，认为范雎是在为夺回汝南而谋划。

秦昭王谓左右

【原文】

秦昭王谓左右曰："今日韩、魏，孰与始强？"对曰："弗如也。"王曰："今之如耳、魏齐，孰与孟尝、芒卯之贤？"对曰："弗如也。"王曰："以孟尝、芒卯之贤，帅强韩、魏之兵以伐秦，犹无奈寡人何也！今以无能之如耳、魏齐，帅弱韩、魏以攻秦，其无奈寡人何，亦明矣！"左右皆曰："甚然。"

中期推琴对曰："王之料天下，过矣。昔者六晋之时，知氏最强，灭破范、中行，帅韩、魏以围赵襄子于晋阳。决晋水以灌晋阳，城不沉者三板耳。知伯出行水，韩康子御，魏桓子骖乘。知伯曰：'始，吾不知水之可亡人之国也，乃今知之。汾水利以灌安邑，绛水利以灌平阳。'魏桓子肘韩康子，康子履魏桓子，蹑其踵。肘足接于车上，而知氏分矣。身死国亡，为天下笑。今秦之强，不能过知伯；韩、魏虽弱，尚贤在晋阳之下也。此乃方其用肘足时也，愿王之勿易也。"

【译文】

秦昭王对左右近臣说："现在韩、魏两国比当初强吗？"近臣们回答说："不如当初强。"秦王又问："现在韩国的如耳、魏国的魏齐比以前的孟尝君、芒卯更有能力吗？"回答说："不如他们。"昭王说："当初孟尝君、芒卯那样有能力，率领强劲的韩、魏大军进攻秦国，还对我无可奈何！现在如耳、魏齐这些无能之辈，率领弱小的韩、魏之兵进攻秦国，肯定对我更没有办法，这是很明显的事。"大家都说："确实是这样。"

这时，中期推开琴，郑重地对秦王说："大王对天下的形势估计错了。从前，晋国六卿之时，知氏最强，他灭掉了范氏和中行氏，又统率韩、魏大军围攻赵襄子于晋阳。决开晋水淹灌晋阳城，当时晋阳城头离水面仅有六尺。知伯出来察看水势，韩康子为智伯驾车，魏桓子做他的卫士。知伯说：'当初我不知道用水还可以灭掉别人的国家，现在我知道了。汾水便于淹灌平阳，绛水便于淹灌安邑。'这时，魏桓子暗暗用肘臂触了一下韩康子，韩康子也暗暗踩了一下魏桓子的脚后跟。他们在车上不敢明言，暗暗用肘、脚相触，互通其意，就这样，知氏被魏、韩、赵三国瓜分了。知伯身死国亡，被诸侯们所耻笑。现在秦国虽然强盛，但不能超过当时的知伯；韩、魏虽弱，也比赵襄子被困于晋阳时还有能耐。此时正是韩、魏暗自谋算之时啊！希望大王切勿疏忽大意，掉以轻心。"

秦王欲见顿弱

【原文】

　　秦王欲见顿弱，顿弱曰："臣之义不参拜，王能使臣无拜即可矣，不即不见也。"秦王许之。于是顿子曰："天下有其实而无其名者，有无其实而有其名者，有无其名又无其实者，王知之乎？"王曰："弗知。"顿子曰："有其实而无其名者，商人是也。无把铫推耨之势，而有积粟之实，此有其实而无其名者也。无其实又有其名者，农夫是也。解冻而耕，暴背而耨，无积粟之实，此无其实而有其名者也。无其名又无其实者，王乃是也。已立为万乘，无孝之名；以千里养，无孝之实。"秦王悖然而怒。

【译文】

　　秦王想召见顿弱，顿弱说："臣有一种坏习惯，就是对君王不行参拜之礼。假如大王能特许免我参拜之礼，我可见大王。否则，臣拒不见王。"秦王答应了他的条件。顿弱入见，对秦王说："天下有有实无名之人，有有名无实之人，还有无名无实之人，大王可知？"秦王说："寡人不知。"顿弱渐渐挑明："有实无名指的是商人，他们不用耕作劳苦，却积粟满仓。有名无实是指农夫，他们冒着春寒开耕，顶着烈日耘田，却户无积粟。而无名无实

战
国
策

的，则是指大王您，身为万乘之尊，却无孝顺母亲之名；
坐拥千里之地，却无孝顺母亲之实。"秦王被揭了伤疤，
不由得勃然大怒。

【原文】

顿弱曰："山东战国有六，威不掩于山东而掩于母，
臣窃为大王不取也。"秦王曰："山东之建国可兼与？"
顿子曰："韩，天下之咽喉；魏，天下之胸腹。王资臣万
金而游，听之韩、魏，入其社稷之臣于秦，即韩、魏从。
韩、魏从而天下可图也。"秦王曰："寡人之国贫，恐不
能给也。"顿子曰："天下未尝无事也，非从即横也。横
成则秦帝，从成即楚王。秦帝，即以天下恭养；楚王，即
王虽有万金，弗得私也。"秦王曰："善。"乃资万金，
使东游韩、魏，入其将相。北游于燕、赵而杀李牧。齐王
入朝，四国必从，顿子之说也。

【译文】

顿弱却自顾自说了下去："大王以赫赫之威权，不能制
住山东六国，却将威权施加于母后，囚禁她。臣私下认为，大
王这样做不妥。"秦王绕开话题说："你看寡人能吞并六国
吗？"顿弱说："依形势而论，韩国，地处诸侯各国的咽喉要
冲；魏国，居于诸侯各国的胸腹重地。大王若肯拿出万金之
资，臣愿东往韩、魏，把两国执政之臣搜罗到秦国，从而使
两国臣服。韩、魏臣服，那么整个天下就将在秦王掌握之中

了。"秦王推托道："寡人国贫，恐怕无万金之财以资先生东游韩、魏。"顿弱说："如今天下战乱纷纷，诸侯不是缔结合纵之约，就是采取连横之策。连横成功，秦国就可以称帝；合纵成功，楚国就可以称王。秦一旦成为帝王，则天下诸侯都向秦国朝贡，区区万金又有何足道！如果楚国成就了霸业，大王拥有万金也不能专有。"秦王深以为然，说："好。"资以万金，令顿弱游说韩、魏，搜罗两国主政之臣。顿弱到燕、赵之后，施行反间之计，除掉赵将李牧。后来齐王入秦，燕、赵、魏、韩四国都归附于秦国，这些都是顿弱游说的结果。

战国时期秦虎符

濮阳人吕不韦贾于邯郸

【原文】

濮阳人吕不韦贾于邯郸，见秦质子异人，归而谓父曰："耕田之利几倍？"曰："十倍。""珠玉之赢几倍？"曰："百倍。""立国家之主赢几倍？"曰："无数。"曰："今力田疾作，不得暖衣余食；今建国立君，泽可以遗世，愿往事之。"

秦之异人质于赵，处于聊城。故往说之曰："子傒有承国之业，又有母在中。今子无母于中，外托于不可知之国，一日倍约，身为粪土。今子听吾计事，求归，可以有秦国。吾为子使秦，必来请子。"

【译文】

濮阳人吕不韦在赵都邯郸经商，看见秦国在赵国做人质的公子异人。回家后，便问他的父亲："耕田可获利几倍呢？"父亲说："十倍。"又问："贩卖珠玉能获利几倍呢？"父

吕不韦

亲说："百倍。"又问："立一个国家的君主，可获利几倍呢？"父亲说："那不可以数计。"吕不韦说："现在农民努力从事耕田劳动，还不能做到丰衣足食；若是建立一个国家，立一位君主，获利就可以传至后世。我愿意去办成这件事。"

秦国的公子异人在赵国做人质，住在聊城。于是吕不韦去游说公子异人，说："你的异母兄弟太子子傒具有继承秦国权力的资格，又有母后在宫中做后盾。您现在在朝廷中既没有母亲相助，又寄居在态度不定的赵国。一旦秦、赵背约，您就必定丧生无疑。如果您能听从我的主意，要求返回本国，就能有掌握秦国大权的机会。我为您去秦国活动一下，秦必然会派人来迎接您。"

【原文】

乃说秦王后弟阳泉君曰："君之罪至死，君知之乎？君之门下无不居高尊位，太子门下无贵者。君之府藏珍珠宝玉，君之骏马盈外厩，美女充后庭。王之春秋高，一日山陵崩，太子用事，君危于累卵而不寿于朝生。说有可以一切而使君富贵千万岁，其宁于太山四维，必无危亡之患矣。"阳泉君避席，请闻其说。不韦曰："王年高矣，王后无子，子傒有承国之业，士仓又辅之。王一日山陵崩，子傒立，士仓用事，王后之门必生蓬蒿。子异人贤材也，弃在于赵，无母于内，引领西望，而愿一得归。王后诚请而立之，是子异人无国而有国，王后无子而有子也。"阳泉君曰："然。"人说王后，王后乃请赵而归之。

【译文】

于是吕不韦游说秦王后的弟弟阳泉君，说："您将遭到杀身之祸，知道吗？您手下的人都身居高官显位，太子手下却无显贵的人。您的府库收藏有珍珠宝玉，您的马房里蓄满千里骏马，您的后宫中尽是佳丽美女。秦王年事已高，一旦百年之后，太子执政，您的处境就会危如累卵，命在旦夕。现在有一计策，使您永葆富贵，安如泰山，绝没有危亡的祸患。"阳泉君离开座位彬彬有礼地说："请听听您的高见。"吕不韦说："秦王年迈，王后无子。太子子傒具有继承秦国权力的条件，丞相社仓又辅佐他。秦王一旦百年之后，子傒立为国君，社仓执政，那么王后的门庭必然会冷落得要长满蓬蒿野草了。公子异人是贤能的人才，作为人质被遗弃在赵国，朝廷中又没有母亲相助，他仰首西望着能够回国。王后果真能请求立他为太子，那么公子异人虽然本无掌国之权，但很快将会有掌国之权；王后虽然本无儿子，却可以有儿子了。"阳泉君说："对啊！"于是向王后进言，王后才要求赵国放回异人。

【原文】

赵未之遣，不韦说赵曰："子异人，秦之宠子也，无母于中，王后欲取而子之。使秦而欲屠赵，不顾一子以留计，是抱空质也。若使子异人归而得立，赵厚送遣之，是不敢倍德畔施，是自为德讲。秦王老矣，一日晏驾，虽有子异人，不足以结秦。"赵乃遣之。

异人至，不韦使楚服而见。王后悦其状，高其知，曰："吾楚人也。"而自子之。乃变其名曰楚。王使子诵，子曰："少弃捐在外，尝无师傅所教学，不习于诵。"王罢之，乃留止。间曰："陛下尝轫车于赵矣，赵之豪杰得知名者不少。今大王反国，皆西面而望。大王无一介之使以存之，臣恐其皆有怨心，使边境早闭晚开。"王以为然，奇其计。王后劝立之。王乃召相，令之曰："寡人子莫若楚。"立以为太子。

子楚立，以不韦为相，号曰文信侯，食蓝田十二县。王后为华阳太后，诸侯皆致秦邑。

【译文】

赵国不放回公子异人，吕不韦又游说赵王，说："公子异人是秦王宠爱的公子，朝廷内没有亲生母亲，王后想让他做自己的儿子。如果秦王想进攻赵国，决不会因为公子在赵国而犹豫，仍然会坚持既定方针，进攻赵国的。这样，即使有公子在赵国，您也只是守住一个空有的人质罢了。如果放回公子异人，能立他为太子，赵国又隆重地送他回国，他就不会忘恩负义，自会以德相报。秦王年老，一旦百年之后，即使有公子异人留在赵国，也不能与秦国结好。"赵王于是同意送异人回国。

战国策

异人回到秦国，吕不韦让他穿上楚国的服装去见王后。王后见了，很喜欢他的仪容，又赞赏他的见识，说："我是楚国人。"就把他当作自己的儿子看待，并改名为"楚"。秦王要他诵读经书，子楚（即异人）说："我年轻时，被遗弃在国外，没有老师教读经书，所以不熟悉读经。"秦王于是作罢，而把他留在宫内。子楚私下对秦王说："陛下也曾经在赵国居住过，赵国豪杰被大王结识的不在少数。如今大王回国，可他们都还在朝西南仰望您。大王却没有派遣一位使臣去慰问他们，我唯恐他们都要存有怨心的。不如让边境的关卡早闭晚开，加强警戒。"秦王认为有道理，惊奇他有这样的心计。王后鼓动秦王立异人为太子。于是秦王召相国下令道："我的儿子没有哪个比得上楚的。"便立子楚为太子了。

后来王子楚即位，用吕不韦做相国，封号为文信侯，以蓝田等十二个县为俸禄。王后封为华阳太后，诸侯都给秦国进献土地。

齐策

靖郭君将城薛

【原文】

　　靖郭君将城薛，客多以谏。靖郭君谓谒者无为客通。齐人有请者曰："臣请三言而已矣，益一言，臣请烹！"靖郭君因见之。客趋而进曰："海大鱼。"因反走。君曰："客有于此。"客曰："鄙臣不敢以死为戏。"君曰："亡，更言之。"对曰："君不闻大鱼乎？网不能止，钩不能牵，荡而失水，则蝼蚁得意焉。今夫齐，亦君之水也。君长有齐阴，奚以薛为！失齐，虽隆薛之城到于天，犹之无益也。"君曰："善。"乃辍城薛。

【译文】

　　靖郭君田婴准备在封地薛邑修筑城防工事，因为会引起齐王猜疑，不少门客去劝阻他。田婴于是吩咐传达人员不要为劝谏的门客通报。有个齐国门客请求谒见田婴，他保证说："我只说三个字就走！要是多一个字，愿意领受烹杀之刑。"田婴于是接见他。客人快步走到他跟前，说："海大鱼。"然后转身就走。田婴赶忙问："先生还有要说的话吧？"客人说："我可不敢拿性命当儿戏！"田婴说："不碍事，先生请讲！"客人这才回答道："你没听说过海里的大鱼吗？用渔网捕不到它，用鱼钩钩不住

战国策

它；但一旦干得一滴水也没有时，那么蝼蚁也能随意摆布它。以此相比，齐国也就如同阁下的'水'。如果你永远拥有齐国，要了薛地又有什么用呢？而你如果失去了齐国，即使将薛邑的城墙筑得跟天一样高，又有什么作用呢？"田婴称赞说："对。"于是停止了筑城的事。

（战国）云纹铜戈

战国策

邹忌修八尺有余

战国策

○四六

【原文】

邹忌修八尺有余，身体昳丽，朝服衣冠，窥镜，谓其妻曰："我孰与城北徐公美？"其妻曰："君美甚。徐公何能及君也！"城北徐公，齐国之美丽者也。忌不自信，而复问其妾曰："吾孰与徐公美？"妾曰："徐公何能及君也！"旦日，客从外来，与坐谈，问之客曰："吾与徐公孰美？"客曰："徐公不若君之美也！"

明日，徐公来，孰视之，自以为不如；窥镜而自视，又弗如远甚。暮寝而思之，曰："吾妻之美我者，私我也；妾之美我者，畏我也；客之美我者，欲有求于我也。"

于是入朝见威王曰："臣诚知不如徐公美，臣之妻私臣，臣之妾畏臣，臣之客欲有求于臣，皆以美于徐公。今齐地方千里，百二十城。宫妇左右，莫不私王；朝廷之臣，莫不畏王；四境之内，莫不有求于王。由此观之，王之蔽甚矣！"王曰："善。"乃下令："群臣吏民能面刺寡人之过者，受上赏！上书谏寡人者，受中赏！能谤议于市朝，闻寡人之耳者，受下赏！"

令初下，群臣进谏，门庭若市；数月之后，时时而间进；期年之后，虽欲言，无可进者。燕、赵、韩、魏闻之，皆朝于齐。此所谓战胜于朝廷。

【译文】..

　　邹忌身高八尺有余，仪表俊美。早晨，他穿好衣服，戴好帽子，对着镜子端详，对他的妻子说："我跟城北徐公比，谁美？"妻子说："您太美了，徐公怎能比得上您呢！"城北徐公是齐国的美男子。邹忌不相信自己，又问他的妾说："我跟徐公比，谁美？"妾说："徐公怎么能比得上您呀！"第二天，来了一位客人，坐下交谈时，邹

邹忌讽齐王纳谏

名句：我因阴结韩之亲，而晚承魏之
弊，则国可重，利可得，名可尊矣。 …… **前342年**
（卷八◎齐策一）

齐策 ＞ ｜ 邹忌修八尺有余 ＞ ｜ 卷八

忌就问客人说："我和徐公比，谁美？"客人回答说：
"徐公可不如您美啊！"

第二天，徐公来了。邹忌仔细端详一番，自认为不如
徐公；又对着镜子照了照，觉得相差很远。晚上，睡在床
上，心里琢磨着，认识到："妻子说我美，是因为她偏爱
我；妾说我美，是因为害怕我；客人说我美，是因为有求
于我。"

于是，他上朝拜见齐威王，说："我明明知道自己不如徐
公美，我的妻偏爱我，我的妾害怕我，我的客人有求于我，他
们便都说我比徐公美。现在齐国土地方圆千里，有一百二十
个城邑，嫔妃、近臣都偏爱大王；朝廷大臣都害怕大王；全国
民众都有求于大王。由此看来大王受蒙蔽实在太深了！"威王
说："好。"于是下令："文武大臣，官吏百姓，能当面指出
我的错误的，给上赏；书面提出劝谏的，给中赏；在大庭广众
之中议论批评我，传到我耳朵里的，给下赏。"

命令刚刚宣布，文武百官纷纷前来提出批评意见，宫
门好像市场和庙会那样拥挤。几个月以后，有时偶尔有人
来提意见。过了一年，虽然有人想提意见，但是也提不出
什么了。燕、赵、韩、魏四国听到这种情况，都来朝拜齐
国。这就是所谓：身在朝廷，修明国内政治，不用出兵，
就能战胜敌国，使别国臣服。

昭阳为楚伐魏

【原文】

昭阳为楚伐魏，覆军杀将得八城，移兵而攻齐。陈轸为齐王使，见昭阳，再拜贺战胜，起而问："楚之法，覆军杀将，其官爵何也？"昭阳曰："官为上柱国，爵为上执圭。"陈轸曰："异贵于此者何也？"曰："唯令尹耳。"陈轸曰："令尹贵矣！王非置两令尹也，臣窃为公譬可也。楚有祠者，赐其舍人卮酒。舍人相谓曰：'数人饮之不足，一人饮之有余。请画地为蛇，先成者饮酒。'一人蛇先成，引酒且饮之，乃左手持卮，右手画蛇，曰：'吾能为之足。'未成，一人之蛇成，夺其卮曰：'蛇固无足，子安能为之足？'遂饮其酒。为蛇足者，终亡其酒。今君相楚而攻魏，破军杀将得八城，不弱兵，欲攻齐，齐畏公甚。公以是为名亦足矣，官之上非可重也。战无不胜而不知止者，身且死，爵且后归，犹为蛇足也。"昭阳以为然，解军而去。

【译文】

楚国大将昭阳率楚军攻打魏国，击杀魏将，大破其军，占领了八座城池，又移师攻打齐国。陈轸充任齐王使者去见昭阳，向昭阳拜了两拜，祝贺楚军的胜利，然后站

战国策

起来问昭阳："按照楚国的制度，灭敌杀将能封什么官爵禄位？"昭阳答道："官至上柱国，爵为上执。"陈轸接着又问："比这更尊贵的还有什么？"昭阳说："那只有令尹了。"陈轸就说："令尹的确是最显贵的官职，但楚王却不可能设两个令尹！我愿意替将军打个比方。楚国有个贵族祭过祖先，把一壶酒赐给门客。门客互相商议：'这酒，几个人喝不够，一个人享用却有余。让我们各在地上画一条蛇，先画成的请饮此酒。'有个门客率先完成，取过酒杯准备先喝，他左手持杯，右手又在地上画了起来，并说：'我还可以为蛇添上足呢。'蛇足尚未画完，另一门客的蛇也画好了，于是夺过他手中的酒杯，说：'蛇本无脚，你怎能给它硬添上脚呢？'便喝了那酒。而画蛇脚的那个人最终没有喝到酒。如今将军辅佐楚王攻打魏国，破军杀将，夺其八城，兵锋不减之际，又移师向齐，齐人震恐。凭这些，将军足以立身扬名了，而在官位上是不可能再有什么加封的。如果战无不胜却不懂得适可而止，只会招致杀身之祸，该得的官爵将不为将军所有，正如画蛇添足一样！"昭阳认为他的话有道理，就撤兵回国了。

战国策

孟尝君将入秦

【原文】

孟尝君将入秦，止者千数而弗听。苏秦欲止之，孟尝曰：“人事者，吾已尽知之矣；吾所未闻者，独鬼事耳。”苏秦曰：“臣之来也，固不敢言人事也，固且以鬼事见君。”

孟尝君见之。谓孟尝君曰：“今者臣来，过于淄上，有土偶人与桃梗相与语。桃梗谓土偶人曰：‘子，西岸之土也，埏子以为人，至岁八月，降雨下，淄水至，则汝残矣。’土偶曰：‘不然。吾西岸之土也，（吾残）则复西岸耳。今子东国之桃梗也，刻削子以为人，降雨下，淄水至，流子而去，则子漂漂者将何如耳？’今秦，四塞之国，譬若虎口，而君入之，则臣不知君所出矣。”孟尝君乃止。

【译文】

孟尝君田文准备西入秦国，劝阻的人成百上千，可是他都一概不听。苏秦也要劝阻他，孟尝君说：“人间的事，我已经都懂了；我所没听说过的，只有鬼怪之事而已。”苏秦说：“臣这次来见贤公，确实也不敢谈人间的事，而是专门为讨论鬼怪之事求您接见。”

战国策

　　孟尝君就接见了苏秦。苏秦对孟尝君说："这次臣来齐国，经过淄水时，看见一个泥偶和一个木偶在那儿谈话。木偶对泥偶说：'你是西岸的土做的，用土把你捏成一个人，到八月雨季时，淄水一上涨，你可就被冲坏了。'土偶说：'你的话不对。我是西岸的土不错，我冲坏后还是西岸的土。可是你是用东岸桃木所雕刻的木偶，雨季一到，淄水一来，水就会把你冲走，到那时你将不知道漂泊到何处呢。'现在秦国是一个四面都有要塞的强国，恰如一个能生吃活人的虎口。贤公一旦进入虎口，臣就不知道贤公要从哪条路逃生了。"因此孟尝君就打消了西去秦国的打算。

孟尝君有舍人而弗悦

【原文】

　　孟尝君有舍人而弗悦，欲逐之。鲁连谓孟尝君曰："猿（狝）猴错木据水则不若鱼鳖；历险乘危则骐骥不如狐狸；曹沫之奋三尺之剑，一军不能当，使曹沫释其三尺之剑，而操铫耨，与农夫居垅亩之中则不若农夫。故物舍其所长，之其所短，尧亦有所不及矣。今使人而不能，则谓之不肖；教人而不能，则谓之拙；拙则罢之，不肖则弃

孟尝君和食客

战国策

之。使人有弃逐，不相与处，而来害相报者，岂非世之立教首也哉？"孟尝君曰："善。"乃弗逐。

【译文】

　　孟尝君田文因为不喜欢他食客中的某人，想把他赶走。鲁仲连劝阻他说："猿猴如果离开树木浮游水面，它们动作没有鱼鳖灵敏；要说经过险阻攀登危岩，良马也赶不上狐狸。曹沫舞动三尺长剑，万夫难挡；假如叫曹沫丢下他的三尺长剑，让他改拿耕田的家具和农夫一样在田里工作，那他连一个农夫都不如。由此可见，一个人如果舍弃他的所长，改而使用他的所短，即使是尧舜也有做不到的事。现在让人干他不会干的，就断言说他无才；教人做他做不了的，就说他笨拙。笨拙就斥退他，无才就遗弃他。假如把他们都弃逐，不相往来，那么他们必然逃往国外，并且谋害我们以报往日的怨恨，这哪里是教化百姓、治理国政的办法呢？"孟尝君说："先生的话很有道理。"于是决定还是留下这个食客。

齐欲伐魏

【原文】

齐欲伐魏，淳于髡谓齐王曰："韩子卢者，天下之疾犬也。东郭逡者，海内之狡兔也。韩子卢逐东郭逡，环山者三，腾山者五，兔极于前，犬废于后，犬兔俱罢，各死其处。田父见之，无劳倦之苦，而擅其功。今齐、魏久相持，以顿其兵，弊其众，臣恐强秦、大楚承其后，有田父之功。"齐王惧，谢将休士也。

【译文】

齐王想发兵攻打魏国。淳于髡对他说："韩国有条黑狗名叫卢，是天下跑得最快的狗；东郭有只兔子名叫逡，则是世上最敏捷的兔子。韩子卢追逐东郭逡，绕着山追了三圈，翻山跑了五趟，前面的兔子筋疲力尽，后面的狗也疲惫不堪，双方都跑不动了，各自倒在地上被活活累死。有个老农夫看到了，不费吹灰之力捡走了它们。与此相同，要是齐、魏两国相持不下，双方士兵百姓都困苦不堪。臣担忧秦、楚两个强敌会抄我们后路，以博取农夫之利。"齐王听后很是害怕，就下令休养将士，不再出兵。

战国策

战国策

齐人有冯谖者

【原文】

　　齐人有冯谖者，贫乏不能自存，使人属孟尝君，愿寄食门下。孟尝君曰："客何好？"曰："客无好也。"曰："客何能？"曰："客无能也。"孟尝君笑而受之曰："诺。"左右以君贱之也，食以草具。

　　居有顷，倚柱弹其剑，歌曰："长铗归来乎！食无鱼。"左右以告。孟尝君曰："食之，比门下之客。"居有顷，复弹其铗，歌曰："长铗归来乎！出无车。"左右皆笑之，以告。孟尝君曰："为之驾，比门下之车客。"于是乘其车，揭其剑，过其友曰："孟尝君客我。"后有顷，复弹其剑铗，歌曰："长铗归来乎！无以为家。"左右皆恶之，以为贪而不知足。孟尝君问："冯公有亲乎？"对曰："有老母。"孟尝君使人给其食用，无使乏。于是冯谖不复歌。

【译文】

　　齐国有个名叫冯谖的人，家境贫困，难以养活自己，托人请求孟尝君，愿意寄食门下。孟尝君问："先生有什么爱好吗？"冯谖说："没有。"孟尝君又问："先生有什么才能吗？"他说："也没有。"孟尝君笑了笑，接纳了他说："好吧。"孟尝君身边的人因为主人不太在意冯谖，就拿粗茶淡饭给他吃。

　　住了不久，冯谖就背靠柱子，弹剑而歌："长剑呀，咱们回去吧！吃饭没有鱼。"左右把这件事告诉孟尝君。孟尝君吩咐说："给他一般门客待遇，让他吃鱼吧。"住了不久，冯谖又弹着他的剑，唱道："长剑呀，我们还是回去吧！出门没有车坐。"左右的人都讥笑他，把这件事告诉了孟尝君。孟尝君说："替他配上车，按照车客的待遇。"于是冯谖驾车带剑，向他的朋友夸耀："孟尝君尊我为上客。"这样过了一段日子，冯谖复弹其剑，唱道："长剑呀，咱们回去吧！没有什么用来养家。"左右的人都厌恶他，认为他贪得无厌。孟尝君问道："冯先生有父母吗？"左右答道："有个老母。"孟尝君供给他衣食费用，不使他母亲穷困。而冯谖从此不再唱牢骚歌了。

【原文】

　　后孟尝君出记，问门下诸客："谁习计会，能为文收责于薛者乎？"冯谖署曰："能。"孟尝君怪之，曰："此谁也？"左右曰："乃歌夫'长铗归来'者也。"孟尝君笑曰："客果有能也，吾负之，未尝见也。"请而见之，谢曰："文倦于事，愦于忧，而性懧愚，沉于国家之事，开罪于先生。先生不羞，乃有意欲为收责于薛乎？"冯谖曰："愿之。"于是约车治装，载券契而行，辞曰："责毕收，以何市而反？"孟尝君曰："视吾家所寡有者。"

驱而之薛，使吏召诸民当偿者，悉来合券。券遍合，起，矫命以责赐诸民，因烧其券，民称万岁。

长驱到齐，晨而求见。孟尝君怪其疾也，衣冠而见之，曰："责毕收乎？来何疾也！"曰："收毕矣。""以何市而反？"冯谖曰："君云'视吾家所寡有者'。臣窃计，君宫中积珍宝，狗马实外厩，美人充下陈。君家所寡有者，以义耳！窃以为君市义。"孟尝君曰："市义奈何？"曰："今君有区区之薛，不拊爱子其民，因而贾利之。臣窃矫君命，以责赐诸民，因烧其券，民称万岁。乃臣所以为君市义也。"孟尝君不说，曰："诺。先生休矣！"

【译文】

后来，孟尝君出了一张告示，问门下食客："请问哪一位通晓账务会计，能替我到薛地收债呢？"冯谖署上名字说："我能。"孟尝君看了很诧异，问左右随从："这是谁呀？"左右答道："就是那个唱'长剑呀，我们回去吧'的人。"孟尝君笑道："他果然有才能，我真对不起他，还未曾见过面呢。"于是请他来相见，道歉说："田文每日为琐事所烦，心身俱累，被忧愁弄得神昏意乱，而且生来懦弱笨拙，只因政务缠身，而怠慢了先生。好在先生不怪我，先生愿意替我到薛地收债吗？"冯谖说："愿效微劳。"于是孟尝君替他备好车马行装，让他载着债券契约出发。辞别时，冯谖问："收完债后，买些什么回来？"孟尝君回答："先生看着办，买点我家缺少的东西吧。"

冯谖赶着马车到薛地，派官吏把该还债的百姓都叫来核对债券。全部核对之后，冯谖站了起来，假托孟尝君的名义将债款赏给这些百姓，并烧掉了契约，百姓感激得欢呼万岁。

冯谖又马不停蹄地返回齐国都城临淄，一大早求见孟尝君。孟尝君很奇怪他回来得这么快，穿好衣服就接见他说："收完债了吗？怎么这么快就回来了？"冯谖答道："都收完了。""先生替我买了些什么回来？"冯谖说："殿下曾言'买些家中缺乏的东西'。臣暗想，殿下宫中珠宝堆积，犬马满厩，美女成行。殿下家中所缺少的，唯有'仁义'了，因此臣自作主张为殿下买了'仁义'回来。"孟尝君说："你怎么买'仁义'的？"冯谖答道："殿下封地只有小小薛地，不但不好好体恤薛地子民，反而像商人一样在他们身上榨取利益。臣为殿下着想，私自假传殿下的命令，将所有的债款都赐给他们，并焚毁债券，百姓莫不欢呼万岁。这就是臣替殿下买的'仁义'呀！"孟尝君很不高兴，说："我知道了，先生退下休息吧。"

【原文】

后期年，齐王谓孟尝君曰："寡人不敢以先王之臣为臣。"孟尝君就国于薛，未至百里，民扶老携幼，迎君道中。孟尝君顾谓冯谖曰："先生所为文市义者，乃今日见之。"冯谖曰："狡兔有三窟，仅得免其死耳！今君有一

窟，未得高枕而卧也！请为君复凿二
窟！”孟尝君予车五十乘，金五百
斤，西游于梁，谓惠王曰：“齐放其
大臣孟尝君于诸侯，诸侯先迎之者，
富而兵强。”于是梁王虚上位，以
故相为上将军，遣使者黄金千斤，车
百乘，往聘孟尝君。冯谖先驱诚孟尝
君曰：“千金，重币也；百乘，显使
也。齐其闻之矣！”梁使三反，孟尝
君固辞不往也。

铜斝

　　齐王闻之，君臣恐惧，遣太傅
赍黄金千斤，文车二驷，服剑一，封
书，谢孟尝君曰：“寡人不祥，被于宗庙之祟，沉于谄谀
之臣，开罪于君。寡人不足为也，愿君顾先王之宗庙，姑
反国统万人乎？”冯谖诚孟尝君曰：“愿请先王之祭器，
立宗庙于薛。”庙成，还报孟尝君曰：“三窟已就，君始
高枕为乐矣。”

　　孟尝君为相数十年，无纤介之祸者，冯谖之计也。

【译文】 ·······························

　　一年以后，齐王对孟尝君说：“寡人不敢用先王的旧
臣为臣。”孟尝君只好回到封地薛邑。还差百里未到，当
地百姓就扶老携幼，在路旁迎接孟尝君。孟尝君回头对冯

○六○

谖说："先生为我买的'义'，今天方才看到。"冯谖对孟尝君接着进言说："狡兔三窟，才可得以免一死。如今殿下只有一穴，尚未能得以高枕无忧。臣愿替殿下再凿两穴。"孟尝君便给他五十辆车、五百斤金去游说梁国。冯谖西入大梁，对惠王说："齐国放逐了大臣孟尝君，诸侯谁先得到他，谁就能富国强兵。"于是梁王空出相位，让原来的相国做上将军，派出使节，以千斤黄金、百乘马车去聘孟尝君。冯谖先赶回薛地对孟尝君说："千斤黄金是极贵重的聘礼，百乘马车是极隆重的使节，咱们齐国该知道这件事了。"梁国使者接连跑了三趟，可孟尝君坚决推辞不就。

齐王听到这个消息，君臣震恐，连忙派遣太傅带着一千斤黄金、两乘四马花车及宝剑一把，外附书信一封向孟尝君道歉说："都是寡人行为的兆头不吉祥，遭受祖宗降下的神祸，听信谗言，得罪了先生。寡人无德，虽不值辅佐，但请先生顾念先王宗庙，暂且回国执掌政务好吗？"冯谖告诫孟尝君说："希望殿下索取先王的祭器，在薛邑建立宗庙。"宗庙落成，冯谖回报说："三窟已就，殿下可安心享乐了。"

孟尝君做相国几十年，没有丝毫的祸患，倚靠的正是冯谖的谋划啊！

战国策

……前298年

战国策

齐宣王见颜斶

【原文】

　　齐宣王见颜斶，曰："斶前！"斶亦曰："王前！"宣王不悦。左右曰："王，人君也；斶，人臣也。王曰'斶前'，斶亦曰'王前'，可乎？"斶对曰："夫斶前为慕势，王前为趋士。与使斶为慕势，不如使王为趋士。"王忿然作色曰："王者贵乎？士贵乎？"对曰："士贵耳，王者不贵。"王曰："有说乎？"斶曰："有。昔者秦攻齐，令曰：'有敢去柳下季垄五十步而樵采者，死不赦。'令曰：'有能得齐王头者，封万户侯，赐金千镒。'由是观之，生王之头，曾不若死士之垄也。"宣王默然不悦。

　　左右皆曰："斶来，斶来！大王据千乘之地，而建千石钟，万石簴。天下之士仁义，皆来役处；辩知并进，莫不来语；东西南北，莫敢不服。求万物无不备具，而百姓无不亲附。今夫士之高者，乃称匹夫，徒步而处农亩；下则鄙野、监门、闾里。士之贱也亦甚矣！"

【译文】

　　齐宣王召见齐人颜斶，说："颜斶，上前来！"颜斶也说："大王，上前来！"宣王很不高兴。左右近臣说：

〇六二

"大王是人君；你是人臣。大王说'颜斶，上前来！'你也说'大王，上前来！'可以吗？"颜斶回答说："我上前是趋炎附势，大王上前是礼贤下士。与其让我得趋炎附势之恶名，不如让大王享礼贤下士之美誉。"宣王怒容满面，说："是王尊贵，还是士尊贵？"颜斶回答说："士尊贵，王并不尊贵。"宣王说："可有什么道理吗？"颜斶说："有。从前秦国进攻齐国，秦王下令说：'有人敢在柳下季墓地五十步内砍柴的，判以死罪，不予赦免。'又下令说：'有人能砍下齐王的头的，封邑万户，赐金二万两。'由此看来，活王的头，还不如死士的墓。"宣王听了，一声不吭，很不高兴。

左右近臣都说："颜斶过来！过来！大王拥有千乘大国的土地，立有千石重的大钟，万石重的钟架。天下知仁行义的士人都来到齐国，为齐王服务；有口才有智谋的人莫不来到齐国，发挥他们的才能；四方诸侯莫敢不服；齐王所要的东西无不齐备；全国百姓无不拥护。可现在，一般所谓高尚之士，其身份也不过是普通民众，徒步而行，耕作为生；至于一般士人，则居于鄙陋穷僻之处，以守门户为生。因而说，士的地位是十分下贱的！"

【原文】

斶对曰："不然。斶闻古大禹之时，诸侯万国。何则？德厚之道，得贵士之力也。故舜起农亩，出于野鄙，而为天子。及汤之时，诸侯三千。当今之世，南面称寡

战国策

者，乃二十四。由此观之，非得失之策与？稍稍诛灭，灭亡无族之时，欲为监门、闾里，安可得而有乎哉？是故《易传》不云乎：'居上位，未得其实以喜其为名者，必以骄奢为行。据慢骄奢，则凶从之。'是故，无其实而喜其名者削，无德而望其福者约，无功而受其禄者辱。祸必握。故曰：'矜功不立，虚愿不至。'此皆幸乐其名华，而无其实德者也。是以尧有九佐，舜有七友，禹有五丞，汤有三辅。自古及今，而能虚成名于天下者，无有！是以君王无羞亟问，不愧下学，是故成其道德而扬功名于后世者，尧、舜、禹、汤、周文王是也。故曰：'无形者，形之君也。无端者，事之本也。'夫上见其原，下通其流，至圣人明学，何不吉之有哉？老子曰：'虽贵，必以贱为本；虽高，必以下为基。'是以侯王称孤寡不谷，是其贱之本与？夫孤寡者，人之困贱下位也。而侯王以自谓，岂非下人而尊贵士与？夫尧传舜，舜传禹，周成王任周公旦，而世世称曰明主。是以明乎士之贵也。"

【译文】┈┈┈┈┈┈┈┈┈┈┈┈

　　颜斶回答说："这话不对。我听说，古之大禹时代，诸侯有万国。为什么呢？是由于他们掌握了一套重教化、治国、爱民的办法，并且重视士人，善于发挥他们的才能。所以舜帝出身于农民，发迹于穷乡僻壤，最终成为天子。到了商汤时代，诸侯也有三千。可是到了现在，称孤道寡的只不过二十四家。由此看来，这难道不是由于'得士'和'失士'的政策造成的吗？如果面临被亡国灭族的威胁时，到那时，就是想要做个里巷的看门人，又怎么可能呢？所以，《易经》上不是这样说吗：'身居高位而才德不济，只一味追求虚名的，必然骄奢傲慢，最终招致祸患。'所以没有实际才德，却只喜欢空名的，国土将日益削减，国力将日益衰弱；没有好的德行，却妄求福禄的，必然处境困窘；没有建立功勋，却只图享受俸禄的，必然蒙受侮辱。这一切必然招致严重的祸害。所以说：'喜功者，必定不能建立功业；空言而无行者，终究不能实现他的愿望。'这都是爱虚名、好浮夸，无治国爱民实效者的必然下场。所以尧有九个佐官，舜有七位师友，禹有五位帮手，汤有三大辅臣。自古至今，如果不得到士人辅助而想凭空建功立业的，从未有过。所以国君不应该以经常向人请教为耻辱，不应该以向别人学习而感到惭愧。因此，言行符合社会的规律，德才兼备，而能传扬功名于后世，像尧、舜、禹、汤、周文王他们就是这样。所以说：'真正得道、体道，掌握了规律的人，就可以主宰一切。'那些在上能窥见事物的本源，在下能通晓事物的流变，了解事物很透彻的最圣明的人，在哪儿得不到好处呢？老子说：'贵必以贱为根本，高必以下为基础。'所以，侯王自称孤、寡、不谷，这不正是贵为贱的根本吗？难道不是吗？所谓孤、寡，就是人们处于困窘、卑贱的地

位。可是侯、王自己称孤道寡，难道不是侯、王谦居人
下、重视士人的证明吗？尧传位于舜，舜传位于禹，周成
王任用周公旦，世世代代都赞扬他们为英明的君主。这正
是因为他们深知士人的可贵。"

【原文】

宣王曰："嗟乎！君子焉可侮哉？寡人自取病耳！及
今闻君子之言，乃今闻细人之行。愿请受为弟子。且颜先
生与寡人游，食必太牢，出必乘车，妻子衣服丽都。"

颜斶辞去曰："夫玉生于山，制则破焉，非弗宝贵
矣，然夫璞不完；士生乎鄙野，推选则禄焉，非不得尊遂
也，然而形神不全。斶愿得归，晚食以当肉，安步以当

齐宣王见颜斶

车，无罪以当贵，清静贞正以自虞。制言者，王也；尽忠直言者，斶也。言要道已备矣，愿得赐归，安行而反臣之邑屋。"则再拜而辞去也。

斶知足矣，归反璞，则终身不辱也。

【译文】

宣王说："唉！君子怎么能随便加以侮辱呢？我实在是自讨没趣啊！至今我才了解到君子的话，现在我明白了不懂得尊重士人乃是小人的行为。希望您就收下我这个学生吧。而且希望先生能与我交往，我将以上等宴席招待您，外出备有高级车马供您使用，妻子儿女穿着的服装也华贵。"

颜斶辞谢而去，说："璞玉生在深山中，经过玉匠加工，破璞而取玉，其价值并非不宝贵，然而本来的面貌已不复存在了；士人生于偏僻乡野之地，经过推举选拔而被任用，享有禄位，他并非不尊贵、不显赫，可是他的精神、本质已被伤害。我希望回到我的乡里，晚点吃饭，饭菜再差权当吃肉，悠闲散步权当乘车，不犯王法权当富贵清静纯正，自得其乐。如今发号施令的，是大王您；而竭尽忠心直言进谏的是颜斶我。我的主要意见已经说了，希望您允许我回去，平平安安地回到我的家乡。"于是，他拜两次之后离去。

颜斶可以说是知足的了，他舍弃功名利禄，辞王而归，回到本乡，恢复他本来的老百姓的面目，这样终身不受侮辱。

先生王斗造门而欲见齐宣王

【原文】

先生王斗造门而欲见齐宣王。宣王使谒者延入。王斗曰："斗趋见王，为好势；王趋见斗，为好士。于王何如？"使者复还报。王曰："先生徐（之），寡人请从。"宣王因趋而迎之于门，与入。曰："寡人奉先君之宗庙，守社稷。闻先生直言正谏不讳。"王斗对曰："王闻之过。斗生于乱世，事乱君，焉敢直言正谏？"宣王忿然作色，不说。

【译文】

王斗先生登门要拜见齐宣王，宣王派侍者去领王斗进来。王斗说："我拜见大王是爱慕权势，大王迎接我是礼贤下士。大王认为怎么样？"侍者汇报王斗的话。宣王说："让先生等一会儿进来，我去迎接。"于是，宣王跑到门口去迎接王斗，与他一块儿进来。宣王说："我继承先王的大业，得以治理国家。听说先生能直言批评，无所忌讳。"王斗回答说："大王听错了。我生在乱世，又侍奉乱君，怎么敢直言批评呢？"宣王听后，怒形于色，很不高兴。

【原文】

有间，王斗曰："昔先君桓公所好者〔五〕。九合诸侯，一匡天下，天子受籍，立为大伯。今王有四焉。"宣王说，曰："寡人愚陋，守齐国，惟恐失抎之，焉能有四焉？"王斗曰："否。先君好马，王亦好马；先君好狗，王亦好狗；先君好酒，王亦好酒；先君好色，王亦好色。先君好士，是王不好士。"宣王曰："当今之世无士，寡人何好？"王斗曰："世无骐骥、騄耳，王驷已备矣；世无东郭逡、卢氏之狗，王之走狗已具矣；世无毛嫱、西施，王宫已充矣。王亦不好士也，何患无士？"王曰："寡人忧国爱民，固愿得士以治之。"王斗曰："王之忧国爱民，不若王之爱尺縠也。"王曰："何谓也？"王斗曰："王使人为冠，不使左右便辟，而使工者，何也？为能之也。今王治齐，非左右便辟无使也。臣故曰不如爱尺縠也。"

宣王谢曰："寡人有罪国家。"于是举士五人任官，齐国大治。

【译文】

过了一会儿，王斗说："从前先君齐桓公有五种爱好。后来他九合诸侯，匡扶周室，天子授位，立为霸主。现在，大王有四种爱好。"宣王说："我愚蠢寡闻，治理齐国，只担心失国，怎能有四种爱好呢？"王斗说：

名句：战者，国之残也，而都县之费也，残费已先，而能从诸侯者寡矣。（卷十二◎齐策五）

……前289年

齐策 > 先生王斗造门而欲见齐宣王 > 卷十一

战国策

"不。先君喜好马，大王也喜好马；先君喜好狗，大王也喜好狗；先君喜好酒，大王也喜好酒；先君好色，大王也好色；先君礼贤下士，大王却不礼贤下士。"宣王说："现在世上没有士，我又怎么去礼贤下士呢？"王斗说："世上没有骐骥、骡耳这样的骏马，可是大王已经车马齐备；世上没有赛过狡兔东郭逡的韩卢之狗，可是大王已经有善跑的猎狗；世上没有像毛嫱、西施那样的美女，可是大王的后宫中充满了美女。大王只是不礼贤下士，怎么发愁世上没有士呢？"宣王说："寡人忧国爱民，心底里就盼望聘得贤士共治齐国。"王斗继续说："大王您忧国爱民还不如爱一尺绉纱。"宣王说："这是什么意思？"王斗说："大王要人做帽子，不要亲近宠爱的人去做，却要工匠去做，为什么？因为他们会做。现在，大王治理国家，不问才德，非亲不用。所以我说：'您忧国爱民不如爱一尺绉纱。'"

宣王内疚自责说："我对国家有罪。"于是，选拔了五名贤士，任命他们的官职，齐国因此治理得很好。

燕攻齐齐破

【原文】

　　燕攻齐，齐破。闵王奔莒，淖齿杀闵王。田单守即墨之城，破燕兵，复齐墟。襄王为太子征。齐以破燕，田单之立疑，齐国之众，皆以田单为自立也。襄王立，田单相之。

　　过淄水，有老人涉淄而寒，出不能行，坐于沙中。田单见其寒，欲使后车分衣。无可分者，单解裘而衣之。襄王恶之，曰："田单之施，将欲以取我国乎？不早图，恐后

田单像

之。"左右顾无人，岩下有贯珠者，襄王呼而问之曰："汝闻吾言乎？"对曰："闻之。"王曰："汝以为何若？"对曰："王不如因以为己善。王嘉单之善，下令曰：'寡人忧民之饥也，单收而食之；寡人忧民之寒也，单解裘而衣之；寡人忧劳百姓，而单亦忧之，称寡人之意。'单有是善，而王嘉之。善单之善，亦王之善已。"王曰："善。"乃赐单牛酒，嘉其行。

后数日，贯珠者复见王曰："王至朝日，宜召田单，而揖之于庭，口劳之。乃布令求百姓之饥寒者，收谷之。"乃使人听于闾里，闻丈夫之相与语，举曰："田单之爱人，嗟，乃王之教泽也！"

【译文】

燕国打败了齐国，临淄被攻破。齐闵王逃到莒地，齐相淖齿杀死了闵王。齐将田单守住即墨，以即墨的残兵，打败了燕军，收复了齐国的失地。当时齐襄仍是为太子，他逃跑躲藏起来。齐国打败燕国后，田单对于立襄王为国君犹豫不决，齐国人都认为田单想立自己为国君。后来襄王被立为国君，田单做了相国。

一次，过淄水时，田单看见一个老人渡水，老人受不住寒冷，出水后，不能行走，坐在沙滩上。他见老人身体寒冷，便想让后车的人分给他一些衣服。可大伙分不出衣服来，田单就把自己的皮衣脱下来给老人穿。回到宫里，襄王很不高兴，自言自语说："田单在笼络人，是想要篡夺国家的大权吗？如果不早点想办法，恐怕他会先下手。"襄王看左右无人，只在殿堂下有一个串珠的匠人，便把匠人叫住，问他："你听到我的话了吗？"匠人回答说："听到了。"问："你认为怎么样？"回答说："大王不如因此而把这个作为自己的优点。大王您就嘉奖田单的优点，下令说：'我担心老百姓挨饿，田单便收养他们，给他们饭吃；我担心老百姓受冻，田单便脱下自己的皮衣给他们穿；我担心老百姓劳苦，田单也忧念他们，很合我的心意。'田单有这些优点，大王便嘉奖他。因此，

（楚国）彩绘蟠螭纹漆簋

名句：故知者不再计，勇士不怯死。
（卷十三◎齐策六）释义：所以聪明人
不优柔寡断，勇敢的人不怯懦怕死。

┊╌╌╌╌╌前284年

齐策 > ┃ 燕攻齐齐破 > ┃ 卷十三

嘉奖田单的优点，也就是称赞大王的优点。"襄王说：
"好。"于是，赐给了田单牛和酒，嘉奖他的行为。

过了几天，串珠的匠人又来拜见襄王，说："大王
上朝时，应该召见田单，在大庭之中以礼相待，亲自慰劳
他。然后发布命令，收容饥寒的百姓，供养他们。"襄王
这样做了之后，又派人到百姓中去，听取他们的议论，他
们都说："田单爱老百姓，这是大王教导的结果啊！"

楚策

荆宣王问群臣

【原文】

荆宣王问群臣曰："吾闻北方之畏昭奚恤，果诚何如？"群臣莫对。江乙对曰："虎求百兽而食之，得狐。狐曰：'子无敢食我也。天帝使我长百兽，今子食我，是逆天帝命也。子以我为不信，吾为子先行，子随我后，观百兽之见我而敢不走乎？'虎以为然，故遂与之行。兽见之皆走。虎不知兽畏己而走也，以为畏狐也。今王之地方五千里，带甲百万，而专属之昭奚恤；故北方之畏奚恤也，其实畏王之甲兵也，犹百兽之畏虎也。"

战国时期蟠螭菱格镜

【译文】

楚宣王问群臣，说："我听说北方诸侯都害怕楚令尹昭奚恤，果真是这样吗？"群臣无人回答。江乙回答说："老虎寻找各种野兽来吃，找到了一只狐狸。狐狸对老虎说：'您不敢吃我，上天派我做群兽的领袖。如果您吃掉我，这就违背了上天的命令。您如果不相信我的话，我在前面走，您跟在我的后面，看看群兽见了我，有哪一个敢不逃跑的呢？'老虎信以为真，就和狐狸同行。群兽见了它们，都纷纷逃跑。老虎不明白群兽是害怕自己才逃跑的，却以为是害怕狐狸。现在大王的国土方圆五千里，大军百万，却由昭奚恤独揽大权。所以，与其说北方诸侯害怕昭奚恤，不如说是害怕大王的军队！这就像群兽害怕老虎一样啊！"

战国楚国十弦琴

战国策

楚怀王拘张仪

【原文】

楚怀王拘张仪，将欲杀之。靳尚为仪谓楚王曰："拘张仪，秦王必怒。天下见楚之无秦也，楚必轻矣。"又谓王之幸夫人郑袖曰："子亦自知且贱于王乎？"郑袖曰："何也？"尚曰："张仪者，秦王之忠信有功臣也。今楚拘之，秦王欲出之。秦王有爱女而美，又简择宫中佳丽好玩习音者，以欢从之；资之金玉宝器，奉以上庸六县为汤沐邑，欲因张仪内之楚王。楚王必爱，秦女依强秦以为重，挟宝地以为资，势为王妻以临于楚。王惑于虞乐，必厚尊敬亲爱之而忘子，子益贱而日疏矣。"郑袖曰："愿委之于公，为之奈何？"曰："子何不急言王，出张子。张子得出，德子无已时，秦女必不来，而秦必重子。子内擅楚之贵，外结秦之交，畜张子以为用，子之子孙必为楚太子矣，此非布衣之利也。"郑袖遽说楚王出张子。

【译文】

楚怀王扣押张仪，准备杀了他。这时怀王的佞臣靳尚对怀王说："君王把张仪拘禁下狱，秦王必定愤怒。天下诸侯一看楚国失去了盟邦秦国，楚国的地位就会下落。"接着靳尚又对怀王的宠妃郑袖说："你可知道你马上要在君王面前失宠了吗？"郑袖说："为什么？"靳尚说："张仪是秦王有功的忠臣，现在楚国把他拘禁下狱了，秦国要楚国释放张仪。秦王有一个美丽的公主，同时又选择美貌、善玩、懂音乐的宫女陪嫁，为了使她高兴，秦王陪嫁各种金玉宝器，用上庸六县送给她作为享乐之地，这次正想经张仪献给君王为妻。君王必定很爱秦国公主，而秦国公主也仰仗强秦来抬高自己身价，同时更以珠宝土地为资本以成为君王的妻子，到那时秦国公主就等于君临楚国，而君王每天都沉迷于享受，必然忘掉你。你被忘掉以后，那你被轻视的日子就不远了。"郑袖说："一切都拜托您办理，我真不知道该怎么办才好。"靳尚说："您为什么不赶快建议君王释放张仪。张仪如果能够获得释放，必然对您感激不尽，秦国的公主也就不会来了，秦国也必定会尊重您。您在国内有楚国的崇高地位，在国外结交秦国，还有张仪供您驱使，您的子孙必然成为楚国太子，这可不是一般的利益啊。"郑袖立刻就去说服楚怀王放了张仪。

伪献地张仪欺楚

战国策

苏秦之楚

【原文】

苏秦之楚，三日乃得见乎王。谈卒，辞而行。楚王曰："寡人闻先生，若闻古人。今先生乃不远千里而临寡人，曾不肯留，愿闻其说。"对曰："楚国之食贵于玉，薪贵于桂，谒者难得见如鬼，王难得见如天帝。今令臣食玉炊桂，因鬼见帝⋯⋯"王曰："先生就舍，寡人闻命矣。"

【译文】

苏秦来到楚国，过了三天才见到楚王。交谈完毕，就要向楚王辞行。楚王说："我听到您的大名，就像听到古代贤人一样，现在先生不远千里来见我，为什么不肯多待一些日子呢？我希望听到您的高论。"苏秦回答说："楚国的粮食比宝玉还贵，楚国的柴火比桂树还贵，禀报人员像小鬼一样难得见面，大王像天帝一样难得见面；现在要我拿玉当粮食，拿桂树当柴禾烧，通过小鬼见高高在上的天帝⋯⋯"楚王打断苏秦的话，说："请先生到馆舍住下吧，我明白您的意思了。"

有献不死之药于荆王者

【原文】

有献不死之药于荆王者，谒者操以入。中射之士问曰："可食乎？"曰："可。"因夺而食之。王怒，使人杀中射之士。中射之士使人说王曰："臣问谒者，谒者曰可食，臣故食之，是臣无罪，而罪在谒者也。且客献不死之药，臣食之而王杀臣，是死药也。王杀无罪之臣，而明人之欺王。"王乃不杀。

【译文】

有人给楚王献来不死之药，禀报人员拿了药进宫去。侍卫官问禀报人员说："它可以吃吗？"禀报人员回答说："可以吃。"侍卫官夺过不死之药便把它吃了。楚王大怒，派人去杀侍卫官，侍卫官给楚王解释说："我问过禀报人员，他告诉我'可以吃'，所以我就吃了。这说明我是无罪的，有罪的是禀报人员。再说，有人给大王献来不死的药，我吃了，大王就把我杀死，这药就成了死药。大王杀了无罪之臣，说明有人拿了所谓'不死之药'来欺骗大王。"楚王于是没有杀侍卫官。

汗明见春申君

【原文】

汗明见春申君，候问三月，而后得见。谈卒，春申君大说之。汗明欲复谈，春申君曰："仆已知先生，先生大息矣。"汗明憱焉曰："明愿有问于君而恐固。不审君之圣，孰与尧也？"春申君曰："先生过矣，臣何足以当尧！"汗明曰："然则君料臣孰与舜？"春申君曰："先生即舜也。"汗明曰："不然。臣请为君终言之。君之贤实不如尧，臣之能不及舜。夫以贤舜事圣尧，三年而后乃相知也。今君一时而知臣，是君圣于尧而臣贤于舜也。"春申君曰："善。"召门吏为汗先生著客籍，五日一见。

汗明曰："君亦闻骥乎？夫骥之齿至矣，服盐车而上太行。蹄申膝折，尾湛胕溃，漉汁洒地，白汗交流，中坂迁延，负辕不能上。伯乐遭之，下车攀而哭之，解纻衣以幂之。骥于是俯而喷，仰而鸣，声达于天，若出金石声者，何也？彼见伯乐之知己也。今仆之不肖，厄于州部，堀穴穷巷，沈洿鄙俗之日久矣，君独无意浒拔仆也，使得为君高鸣屈于梁乎？"

【译文】

汗明拜见楚相春申君，等候了三个月，才见了面。

双方谈完，春申君很高兴。汗明想再继续谈，春申君说："我已经了解先生了，先生请休息吧。"汗明很不安地说："我想问问您，但又怕问得太肤浅了。您和尧比，不知谁更圣明一些？"春申君说："先生错了，我怎么配与尧比呢？"汗明说："您看我和舜比，怎么样？"春申君说："先生就是舜啊！"汗明说："不对，请让我把话说完。您的圣明实在不如尧，我的贤能也不如舜。以贤能的舜去侍奉圣明的尧，经过三年才彼此了解。现在您一下子就了解我了，这说明您比尧还圣明，而我比舜还贤能。"春申君说："您说得好。"于是，请门吏把汗先生的名字登记在宾客名册上，每隔五天春申君就接见他一次。

汗明对春申君说："您听说过千里马吗？千里马成年了，驾着盐车上太行山，后蹄伸得很直，前膝弯得很曲，尾巴夹在两股之间，气喘吁吁，浑身流汗，车到半坡前，无论怎么用劲也不能前进一步。这时正好遇到伯乐，他赶快下车，抚着马背，为它难过得流了眼泪。他解下麻衣，给千里马披上。这时千里马向前低下头，喷着气，抬起头，大叫一声，声音直冲云霄，好像金石发出的声音，这是为什么？因为千里马知道伯乐很赏识它。现在，我没有出息，困厄在底层，处在穷乡僻壤，地位低下，长期如此，您难道就不想推荐我，让我能够借您的助力，施展我的抱负，在楚国崭露头角吗？"

楚考烈王无子

【原文】

楚考烈王无子，春申君患之，求妇人宜子者进之，甚众，卒无子。

赵人李园，持其女弟欲进之楚王，闻其不宜子，恐又无宠。李园求事春申君为舍人。已而谒归，故失期。还谒，春申君问状。对曰："齐王遣使求臣女弟，与其使者饮，故失期。"春申君曰："聘入乎？"对曰："未也。"春申君曰："可得见乎？"曰："可。"于是园乃进其女弟，即幸于春申君。知其有身，园乃与女弟谋。

园女弟承间说春申君曰："楚王之贵幸君，虽兄弟不如。今君相楚王二十余年，而王无子，即百岁后，将更立兄弟。即楚王更立，彼亦各贵其故所亲，君又安得长有宠乎！非徒然也，君用事久，多失礼于王兄弟。兄弟诚立，祸且及身，奈何以保相印、江东之封乎？今妾自知有身矣，而人莫知。妾之幸君未久，诚以君之重而进妾于楚王，王必幸妾。妾赖天而有男，则是君之子为王也，楚国封尽可得，孰与其临不测之罪乎？"春申君大然之，乃出园女弟，谨舍而言之楚王。楚王召入，幸之。遂生子男，立为太子，以李园女弟立为王后。楚王贵李园，李园用事。

【译文】

楚考烈王没有儿子，相国春申君为此甚为忧愁，寻求宜于生子的妇人进献给考烈王，虽然进献了许多妇人，却始终没能生儿子。

这时赵国李园想把自己妹妹献给考烈王，可是又听人说自己的妹妹并无生子之相，又担心将来得不到考烈王的宠信。李园就请求做春申君的舍人，当上舍人不久，请假回家，又故意晚回。回来见到春申君，春申君问他为什么迟到。李园回答说："齐王派人来娶我的妹妹，我和使者喝酒，结果耽误了回来的时间。"春申君说："送过聘礼了吗？"李园说："还没有。"春申君说："可以让我见一下令妹吗？"李园说："可以的。"于是李园就把妹妹献给了春申君，得到春申君的宠爱。当李园知道妹妹有了身孕，就和妹妹商量了一个计谋。

李园妹妹向春申君说："君王宠信你，就连兄弟也不过如此。现在你当楚国相国已经二十多年，可是楚王还没有儿子。等到楚王死后，必然拥立兄弟为王。楚国王位更换，必然重用自己的亲人，您又怎么能长久得到宠信呢？不仅如此，您出任宰相的时间又长，难免对大王兄弟有许多失礼得罪之处。将来大王兄弟如果真能登上王位，您定会身受大祸，又怎能保全相印和江东的封地呢？现在臣妾已经知道自己怀有身孕，旁人却谁也不知道。臣妾受你的宠爱还不算久，假如能凭你的高贵身份而把臣妾献给楚王，那楚王必然会宠爱臣妾。万一臣妾能得上天保佑生个儿子，那岂不是你的儿子做了楚王，到那时楚国的一切不尽在你的掌握之中吗？这和面对着不可猜测的罪过相比，哪一个更好呢？"春申君认为这话很对，就把李园的妹妹迁到一个秘密的地方，并向楚王说进献李园妹妹。楚王把李园妹妹召来后就非常喜欢她。后来果然生了一个男孩，而且被立为太子，立李园的妹妹为王后。考烈王也很重用李园，因而李园也就掌握了朝政。

【原文】

李园既入其女弟为王后，子为太子。恐春申君语泄而益骄，阴养死士，欲杀春申君以灭口，而国人颇有知之者。

春申君相楚二十五年，考烈王病。朱英谓春申君曰："世有无妄之福，又有无妄之祸。今君处无妄之世，以事无妄之主，安不有无妄之人乎？"春申君曰："何谓无妄之福？"曰："君相楚二十余年矣，虽名为相国，实楚王也。五子皆相诸侯。今王疾甚，旦暮且崩，太子衰弱。疾而不起，而君相少主，因而代立当国，如伊尹、周公，王长而反政。不，即遂南面称孤，因而有楚国。此所谓无妄之福也。"春申君曰；"何谓无妄之祸？"曰："李园不治国，王之舅也；不为兵将，而阴养死士之日久矣。楚王崩，李园必先入。据本议制断君命，秉权而杀君以灭口。此所谓无妄之祸也。"春申君曰："何谓无妄之人？"曰："君先仕臣为郎中，君王崩，李园先入，臣请为君劙其胸杀之。此所谓无妄之人也。"春申君曰："先生置之，勿复言已！李园，软弱人也，仆又善之，又何至此？"朱英恐，乃亡去。

【译文】

　　李园把妹妹献给了楚王，妹妹被封为王后，所生的儿子又立为太子，李园就更加骄横；但又怕春申君把真相泄露出去，于是暗中豢养了刺客，准备杀掉春申君灭口，可是，国内颇有一些人知道真相。

　　春申君在楚国出任相国已经二十五年，考烈王病倒了。朱英对春申君说："世上有意外之福，又有不测之祸；现在您处在非常之世，而侍奉非常之主，怎么能没有一个非常之人呢？"春申君说："何谓意外之福？"回答说："您在楚国出任相国二十多年，虽然名义上是相国，但实际上是楚王。五个儿子都辅佐诸侯。现在楚王病重，早晚要死，太子体弱，一病不起，您就要辅助少主，因此可以代行国君大权，像伊尹、周公那样，少主年长了，您再还政。否则，干脆南面称王，完全据有楚国。这就是所谓意外之福。"春申君说："何谓不测之祸？"回答说："李园不理国家大事，又是异姓大夫，他不掌握兵权，可是长期以来，暗地里豢养了刺客。楚王死后，李园必然进宫，按照他既定的计谋，专断楚王之命，独揽大权，杀害您以灭口，这就是所谓不测之祸。"春申君说："何谓非名句：秦、魏之交完，则楚轻矣。
（卷十五◎楚策二）释义：魏秦两国
友好，楚国就会被看轻。

······ 前305年

楚策 > ｜ 楚考烈王无子 > ｜ 卷十七

常之人呢？"回答说："您先任命我为宫中侍卫之臣，楚王死了，李园先进宫，我就愿意为您用刀刺入他的胸膛，把他杀死。这就是所谓非常之人啊！"春申君说："先生，您就搁起来吧！不要再提起这种事了。李园是一个软弱的人，我和他很友好，他怎么会这样做呢？"朱英害怕有大祸临头，就潜逃了。

【原文】

后十七日，楚考烈王崩，李园果先入，置死士，止于棘门之内。春申君后入，止棘门，园死士夹刺春申君，斩其头，投之棘门外。于是使吏尽灭春申君之家。而李园女弟初幸春申君有身，而入之王所生子者，遂立为楚幽王也。

是岁，秦始皇立九年矣。嫪毐亦为乱于秦，觉，夷三族，而吕不韦废。

【译文】

过了十七天，考烈王死了。李园果然先进宫，在棘门内安排了刺客。春申君后入宫，来到棘门，刺客对春申君两面夹攻，刺死了春申君，割下他的头，扔到棘门之外。在这时，又派人把春申君满门杀绝。而李园的妹妹——当初与春申君同居怀了孕，又做了楚王后——所生的儿子被立为楚幽王。

这一年，正是秦始皇九年，嫪毐在秦国作乱，被发觉，灭了嫪毐的三族，而秦相吕不韦也被罢黜。

战国策

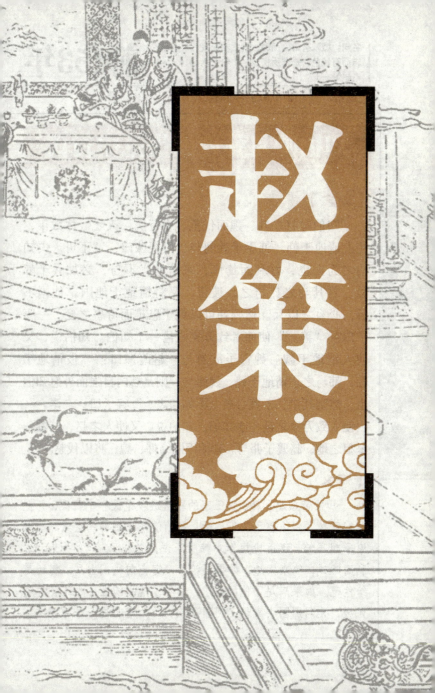

赵策

名句：城降有日，而韩、魏之君无熹
志而有忧色，是非反何也！（卷十八
◎赵策一）

前**453**年

赵策 ＞ 知伯帅赵韩魏而伐范中行氏 ＞ 卷十八

知伯帅赵韩魏而伐范中行氏

【原文】

知伯帅赵、韩、魏而伐范、中行氏，灭之。休数年，使人请地于韩。韩康子欲勿与，段规谏曰："不可。夫知伯之为人也，好利而鸷愎，来请地，不与，必加兵于韩矣。君其与之！与之，彼狃，又将请地于他国，他国不听，必乡之以兵。然则韩可以免于患难而待事之变。"康子曰："善。"使使者致万家之邑一于知伯。知伯说，又使人请地于魏。魏宣子欲勿与。赵葭谏曰："彼请地于韩，韩与之。请地于魏，魏弗与，则是魏内自强而外怒知伯也，然则其错兵于魏必矣。不如与之。"宣子曰："诺。"因使人致万家之邑一于知伯，知伯说。又使人之赵，请蔡、皋狼之地，赵襄子弗与。知伯因阴结韩、魏，将以伐赵。

【译文】

知伯带领赵、韩、魏三家的军队进攻范氏和中行氏，并把他们灭掉了。休整了几年之后，知伯便派人到韩国去索地。韩康子想不给，谋臣段规奉劝韩康子说："不行，知伯为人，贪利而凶残，他来索地，如果不给，一定会向我们出兵。您还是给他吧。如果满足了他的要求，惯坏了他的凶性，他还会贪得无厌，又到别国去索地，别国不从，又必定向这个国家出兵。

战国策

这样，我们就可以免受战祸，等待形势的变化。"韩康子说："好吧。"就派使者送给知伯一个万户大的县邑，知伯很高兴。

知伯又派人到魏国索地，魏宣子想不给，大臣赵葭奉劝魏宣子说："知伯向韩氏索地，韩康子给了；向魏氏索地，魏氏不给。魏氏自恃强大，可是对外却激怒了知伯。这样，知伯一定会出兵向我们进攻，您不如还是给他。"魏宣子说："好吧。"就派人送给知伯一个万户的大县，知伯很高兴。

知伯又派人到赵国，要求得到蔡和皋狼两地，赵襄子不给。知伯就秘密和韩、魏结盟，要共同进攻赵氏。

【原文】

赵襄子召张孟谈而告之曰："夫知伯之为人，阳亲而阴疏，三使韩、魏而寡人弗与焉，其移兵寡人必矣。今吾安居而可？"张孟谈曰："夫董阏安于，简主之才臣也，世治晋阳，而尹铎循之，其余政教犹存，君其定居晋阳。"君曰："诺。"乃使延陵王将车骑先之晋阳，君因从之。至，行城郭，案府库，视仓廪，召张孟谈曰："吾城郭之完，府库足用，仓廪实矣，无矢奈何？"张孟谈曰："臣闻董子之治晋阳也，公宫之垣，皆以狄蒿苫楚廥之，其高至丈余，君发而用之。"于是发而试之，其坚则箘簬之劲不能过也。君曰："足矣。吾铜少若何？"张孟谈曰："臣闻董子之治晋阳也，公宫之室，皆以炼铜为柱质，请发而用之，则有余铜矣。"君曰："善。"号令以定，备守以具。

【译文】 ......

　　赵襄子召见他的大臣张孟谈说："知伯为人，表面亲
热，背后却疏远，他三次派人和韩、魏联系，而跟我毫不通
气，看样子他转向我们进攻，是毫无问题的了。现在我可怎
么对付呢？"张孟谈说："董安于是赵简子出色的大臣，世
代治理晋阳，以后赵简子家臣尹铎又遵循董安于的办法治理
晋阳，他们的传统仍然保存到现在，您就定居在晋阳吧。"
赵襄子说："行。"

　　于是派延陵生率领车骑先到晋阳，赵襄子也随后就
去。到了晋阳，巡视了城防，查验了府库，检查了粮仓，
然后召见张孟谈，说："我们的城郭已很完善，府库也很
充足，粮食也很富裕，就是没有箭，可怎么办呢？"张孟
谈说："我听说董安于治理晋阳时，官署的垣墙都是用荻
蒿、楛、牡荆加固了的，高达丈余，您可以把它们取出来
用啊！"于是把它们都取了出来，真是很坚实，连最好的
箭杆材料也超不过它们。赵襄子说："箭足够了，我还缺
少铜，可怎么办？"张孟谈说："我听说董安于治理晋阳
时，官署室内都用炼铜做柱子的基础，您就取出它们来
用，用也用不完。"赵襄子说："好。"号令已经发出，
防御的器具已经齐备。

【原文】 ......

　　三国之兵乘晋阳城，遂战。三月不能拔，因舒军而围

之，决晋水而灌之。围晋阳三年，城中巢居而处，悬釜而炊，财食将尽，士卒病羸。襄子谓张孟谈曰："粮食匮，财力尽，士大夫病，吾不能守矣，欲以城下，何如？"张孟谈曰："臣闻之，亡不能存，危不能安，则无为贵知士也。君释此计，勿复言也。臣请见韩、魏之君。"襄子曰："诺。"

张孟谈于是阴见韩、魏之君曰："臣闻唇亡则齿寒，今知伯帅二国之君伐赵，赵将亡矣，亡则二君为之次矣。"二君曰："我知其然。夫知伯为人也，粗中而少亲，我谋未遂而知，则其祸必至，为之奈何？"张孟谈曰："谋出二君之口，入臣之耳，人莫之知也。"二君即与张孟谈阴约三军，与之期日，夜遣入晋阳。张孟谈以报襄子，襄子再拜之。

【译文】

　　知伯、韩、魏三家的大军已逼近晋阳城，于是和他们开战。过了三个月三家也没攻下，因此，三家把兵散开，包围了晋阳城，决开晋水，淹灌城内。

　　三家包围晋阳城已整整三年，城内的人在树上搭巢居住，挂起锅来煮饭，钱财和粮食快用完了。士卒疲弱，赵襄子对张孟谈说："粮食吃光了，力量用尽了，士卒、大夫们疲困、劳苦不堪，我守不住了，想去投降。您看怎么办？"张孟谈说："我听说，'国家将要灭亡，却不能保存它；国家有了危险，却不能去安定它，那何必要尊贵而

名句：甘露降，风雨时至，农夫登，
年谷丰盈，众人喜之，而显主恶之。
（卷十八◎赵策一）

‥‥‥‥ 前285年

赵策 >　知伯帅赵韩魏而伐范中行氏 >　卷十八

有才智的人呢？'您就放弃这种打算吧，不要再说这些了。我要求去见韩、魏两家的家主。"赵襄子说："行。"

于是张孟谈秘密地会见韩康子和魏宣子，说："我听说'唇亡则齿寒'，现在知伯带领你们两家进攻赵氏，赵氏必亡。赵氏亡了，就必然轮到你们头上。"韩、魏二君说："我们也知道会这样。知伯为人，内心粗暴而又不仁，我们的计谋还没有成功，他就会知道，必然大祸临头，那可怎么办呢？"张孟谈说："计谋出于你们两位之口，进入我一人之耳，没有任何人知道。"韩康子、魏宣子于是就与张孟谈秘密订立了军事盟约，约定举事的日期。当天晚上，派张孟谈返回晋阳城，把这事报告了赵襄子。赵襄子两次拜谢张孟谈。

【原文】 ‥‥‥‥‥‥‥‥‥‥

张孟谈因朝知伯而出，遇知过辕门之外。知过入见知伯曰："二主殆将有变。"君曰："何如？"对曰："臣遇张孟谈于辕门之外，其志矜，其行高。"知伯曰："不然。吾与二主约谨矣，破赵三分其地，寡人所亲之，必不欺也。子释之，勿出于口。"知过出见二主，入说知伯曰："二主色动而意变，必背君，不如令杀之。"知伯曰："兵箸晋阳三年矣，且暮当拔之而飨其利，乃有他心？不可，子慎勿复言。"知过曰："不杀则遂亲之。"知伯曰："亲之奈何？"知过曰："魏宣子之谋臣曰赵葭，康子之谋臣曰段规，是皆能移其君之计。君其与二君约，破赵则封二子者各万家之县一，如是则二主之心可不变，而君得其所欲矣。"知伯曰："破赵而三分其地，又封二子者各万家之县一，则吾所得者少，不可。"知过见君之不用也，言之不听，出，更其姓为辅氏，遂去不见。

【译文】

张孟谈去朝见知伯，出来以后，在军门外遇见了知伯的大臣知过。知过进去拜见知伯，说："韩、魏二主必将叛变。"知伯问："何以见得？"知过回答说："我在军门外遇见赵襄子的大臣张孟谈，他的神情傲慢，趾高气扬。"知伯说："不会这样，我和韩、魏二主已经订立了盟约，消灭了赵氏，我们三家将瓜分其地，这是我亲自和他们订立的盟约，一定不会背叛我的。您就放心吧，别再说了。"知过出来后，碰上了韩、魏二主，又进去劝说知伯："韩康子、魏宣子二人神情不正常，一定会反叛，不如现在就杀掉他们。"知伯说："大军围困晋阳已经整整三年，早晚要攻下晋阳城，分享其利，怎么又生外心呢？不能这样，您小心别再说起这事。"知过说："如果不杀掉他们，那就要对他们亲善。"知伯说："怎么亲善呢？"知过说："魏宣子的谋臣叫赵葭，韩康子的谋臣叫段规，他们都是能够改变国君计谋的人，您就和他们约定，灭赵后，给他们两个人各封一个万户的县邑。这样，韩、魏二主内心可以不叛变，您就能够得到您想要得到的一切。"知伯说："灭赵而三家平分其地，又各封给韩、魏两个谋臣各人一个万户的县邑，那么，

○九五

我所得的就少了。不行。"知过见知伯既不明智，又不听从他的计策，出来以后，改姓辅氏，就到了别处，再也不见知伯了。

【原文】

张孟谈闻之，入见襄子曰："臣遇知过于辕门之外，其视有疑臣之心，入见知伯，出更其姓。今暮不击，必后之矣。"襄子曰："诺。"使张孟谈见韩、魏之君曰："夜期杀守堤之吏，而决水灌知伯军。"知伯军救水而乱，韩、魏翼而击之，襄子将卒犯其前，大败知伯军而禽知伯。

知伯身死，国亡地分，为天下笑，此贪欲无厌也。夫不听知过，亦所以亡也。知氏尽灭，唯辅氏存焉。

【译文】

张孟谈听说后，进去拜见赵襄子，说："我在军门外遇到知过，看样子他对我起了疑心。他进去见了知伯，出来以后就改了姓氏。今天晚上如果不出兵攻打知伯，就会失去先下手的良机。"赵襄子说："行。"张孟谈去对韩康子、魏宣子说："约定就在今夜举事。"于是首先杀了知伯守堤的小吏，又决开晋水淹灌知伯的军队。知伯的军队因为都去救水，一片混乱，韩康子和魏宣子从两边夹攻，赵襄子带兵从正面进攻，大败知伯之军，活捉了知伯。

知伯身死国亡，地被瓜分，被天下诸侯所耻笑，乃是因为贪得无厌的缘故。他不听知过的计谋，也是造成灭亡的原因。知氏被消灭了，只有辅氏还生存着。

古今不同俗

【原文】

王曰："古今不同俗，何古之法？帝王不相袭，何礼之循？宓戏、神农教而不诛，黄帝、尧、舜诛而不怒。及至三王，观时而制法，因事而制礼。法度制令，各顺其宜；衣服器械，各便其用。故礼世不必一其道，便国不必法古。圣人之兴也，不相袭而王。夏、殷之衰也，不易礼而灭。然则反古未可非，而循礼未足多也。且服奇而志淫，是邹、鲁无奇行也；俗辟而民易，是吴、越无俊民也。是以圣人利身之谓服，便事之谓教，进退之谓节，衣服之制，所以齐常民，非所以论贤者也。故圣与俗流，贤与变俱。谚曰：'以书为御者，不尽于马之情。以古制今者，不达于事之变。'故循法之功，不足以高世；法古之学，不足以制今。子其勿反也。"

【译文】

武灵王说："自古至今，习俗都不同，我们要效法哪一个时候的呢？帝王的礼法也不是世代相承的，我们要遵循谁的礼法呢？伏羲和神农，对民众只是进行教化，而不诛杀；黄帝、尧、舜，虽然有了死刑，但并不株连妻子儿女。到了夏、商、周三代圣王时，就观察当时的形势来

战国策

建立法制，根据具体情况来制定礼俗。法度、政令都因时制宜，衣服器用都方便使用。所以治理国家不一定要走同一条路，只要对国家有利，不一定要效法古代。圣人的出现，不是因为互相承袭才统治天下的；夏朝和殷朝的衰亡，不会因为改变礼法而不灭亡。这样说来，不沿袭古法，不一定就要被斥责，谨守旧礼陋俗也未必值得称赞。再说，如果服饰奇异就会使人心思不正的话，那么最遵守礼法的邹国和鲁国就不会有行为怪僻的人了；如果习俗怪僻就会使民众变坏的话，那么吴、越地区就不会出现出类拔萃的人才了。所以说圣人把便于穿着的叫衣服，把方便行事的就叫教化。行为举止上的一些礼节，服饰上的规定，只是让普通百姓取得一致，而不是用来衡量贤明与否的。因此，圣明的人能适应任何习俗，有才能的人能紧随时势的变化。有句谚语说：'按照书本来驾车的人，就不能充分发挥马的实际能力；采用古代的礼法来治理当今的国家，就不能符合当今社会的实际。'所以，遵循现成的制度建立的功业不可能超过当世，效法古人的做法，就不能够管理好现在的国家。您还是不要反对吧。"

秦攻赵于长平

【原文】

秦攻赵于长平，大破之，引兵而归。因使人索六城于赵而讲。赵计未定。楼缓新从秦来，赵王与楼缓计之曰："与秦城何如？不与何如？"楼缓辞让曰："此非臣之所能知也。"王曰："虽然，试言公之私。"楼缓曰："王亦闻夫公甫文伯母乎？公甫文伯官于鲁，病死，妇人为之自杀于房中者二八人。其母闻之，不肯哭也。相室曰：'焉有子死而不哭者乎？'其母曰：'孔子，贤人也，逐于鲁，是人不随。今死而妇人为死者十六人，若是者，其于长者薄，而于妇人厚？'故从母言之，之为贤母也；从妇言之，必不免为妒妇也。故其言一也，言者异，则人心变矣。今臣新从秦来，而言勿与，则非计也；言与之，则恐王以臣之为秦也。故不敢对。使臣得为王计之，不如予之。"王曰："诺。"

【译文】

秦军在长平进攻赵军，大败了赵军，便引兵返回秦国。随后派人到赵国去，要求割让六个城邑，才与赵国讲和。赵国还没有决策，楼缓刚从秦国来，赵王与楼缓商量，说："给秦割城，还是不割，哪个有利呢？"楼缓推辞说："这可不是处在我这种地位的人所能了解的。"赵王说："即使这样，也请您谈谈个人的想法吧。"楼缓说："大王可曾听说过鲁大夫公甫文伯的母亲吗？公甫文伯在鲁国做官，病死了，他房中有十六个妇人为他自杀，他母亲听说后，不肯哭。管家说：'哪有自己的儿子死了不哭的呢？'他母亲说：'孔子是贤人，在鲁国被逐，可是公甫文伯不跟随孔子去。现在他死了，他房中有十六个妇人为他自杀。像这样，他是对待长者情薄，却对待妇人情重。'这话既是出于母亲之口，她乃是一位贤良的母亲；要是出于妇人之口，一定难免被人称为忌妒的女人。由此看来，同样一句话，因为说话的人不同，表现出的思想感情也不同。我现在刚从秦国来，如果说'不割'，则不应该这样考虑；如果说'割'，又怕您认为我在替秦国讲话，所以，我不敢回答。如果要我为大王考虑，不如割城给秦国。"赵王说："好吧！"

【原文】

虞卿闻之，入见王，王以楼缓言告之。虞卿曰："此饰说也。"秦既解邯郸之围，而赵王入朝使赵郝约事于秦，割六县而讲。王曰："何谓也？"虞卿曰："秦之攻赵也，倦而归乎？王以其力尚能进，爱王而不攻乎？"王曰："秦之攻我也，不遗余力矣，必以倦而归也。"虞卿曰："秦以其力攻其所不能攻，倦而归。王又以其力之所不能攻以资之，是助秦自攻也。来年秦复攻王，王无以救矣。”

王又以虞卿之言告楼缓。楼缓曰："虞卿能尽知秦力之所至乎？诚不知秦力之所不至，此弹丸之地，犹不予也，令秦来年复攻王，得无割其内而媾乎？"王曰："诚听子割矣，子能必来年秦之不复攻我乎？"楼缓对曰："此非臣之所敢任也。昔者三晋之交于秦，相善也，今秦释韩、魏而独攻王，王之所以事秦必不如韩、魏也。今臣为足下解负亲之攻，启关通币，齐交韩、魏。至来年而王独不取于秦，王之所以事秦者，必在韩、魏之后也。此非臣之所敢任也。"

【译文】

虞卿听说后，就去见赵王，赵王把楼缓的话告诉了虞卿。虞卿说："这不过是花言巧语而已。"秦国解除了邯郸的包围之后，而赵王却准备到秦国拜访秦王，就派赵郝到秦国去订约结交，割出六个县而讲和。赵王说："为什么？"虞卿说："秦国进攻您国是因为打疲了才撤回呢，还是有余力进攻，只因为怜惜您才不进攻呢？"赵王说："秦国进攻我国，不遗余力，他一定是因为打得疲倦才撤回去的。"虞卿说："秦国极力进攻赵国，而又一无所得，打疲倦了才撤回，可大王又把秦国力不能得的城邑送给它，这简直是在帮助秦国来攻打自己。明年，秦国再进攻大王，您就会无法挽救了。"

战国策

　　赵王又把虞卿的这番话告诉了楼缓，楼缓说："虞卿能够完全了解秦军具有的战斗力吗？确知秦军力量不够，这么大的弹丸之地如果还不给，假使秦军明年再来进攻，您割的地岂不是不止六城，才能与秦国讲和吗？"赵王说："果真听从您的意见割让六城，您能保证明年秦军不再来进攻吗？"楼缓答道："这不是我所敢保证的。从前，韩、赵、魏三国与秦国邦交友好，如今秦国不攻韩、魏，独攻大王，看来您孝敬秦国必定不如韩、魏好。过去赵曾亲秦，而今秦却负赵，向您进攻，我为您做些调解，以打开关塞，疏通滞阻，好使赵、秦邦交处于韩、魏与秦那样的状况。到了明年，大王还不能与秦友好，那肯定是您孝敬秦国落在韩、魏后面了。这些事也不是我所敢承担的。"

【原文】

　　王以楼缓之言告。虞卿曰："楼缓言，不媾，来年秦复攻，王得无更割其内而媾。今媾，楼缓又不能必秦之不复攻也，虽割何益？来年复攻，又割其力之所不能取而媾也，此自尽之术也，不如无媾。秦虽善攻，不能取六城；赵虽不能守，亦不至失六城。秦倦而归，兵必罢。我以五城收天下以攻罢秦，是我失之于天下，而取偿于秦也，吾国尚利，孰与坐而割地，自弱以强秦？今楼缓曰'秦善韩、魏而攻赵者，必王之事秦不如韩、魏也'，是使王岁以六城事秦也，即坐而地尽矣。来年秦复求割地，王将予之乎？不与，则是弃前功而挑秦祸也；与之，则无地而给之。语曰：'强者善攻，而弱者不能自守。'今坐而听秦，秦兵不敝而多得地，是强秦而弱赵也。以益愈强之秦，而割愈弱之赵，其计固不止矣。且秦虎狼之国也，无礼义之心。其求无已，而王之地有尽。以有尽之地给无已之求，其势必无赵矣。故曰：此饰说也。王必勿予。"王曰："诺。"

【译文】

　　赵王把楼缓的话告诉给虞卿。虞卿说："楼缓说，不和秦国讲和，明年秦军再来进攻，大王要割让更多的城邑，才能同秦国讲和。现在同秦国讲和，楼缓又不能保证秦军不再来进攻，这样，即使赵国给秦割让六城，又有何益呢？明年秦军再来进攻，若又割给他力不能得的城邑，和他讲和，这样做简直是自取灭亡，还不如不同秦国讲和。秦国虽然善攻，但也不可能夺得六城。赵国虽然不能守，但也不致失去六城。秦军攻倦而归，必会休兵。我们再拿出五城去联合诸侯，进攻疲困的秦军，这样，我们在诸侯那里失去的，就可从秦国得到补偿。我们还是有利。这同坐等割地削弱自己、增强秦国，哪个好些呢？现在楼缓说：'秦国对韩、魏友好，却进攻赵国，一定是大王孝敬秦国不如韩、魏好'，这简直是要大王每年拿出六城去讨好秦国，依此说来，赵地眼看就会丧失殆尽了。明年秦军再要求割地，大王准备给他吗？若不给，那么前功尽弃，又招来秦兵的战祸；给他，就没地可给了。常言说：

名句：今我顺而齐、魏果西，是罢齐、敝秦也，赵必为天下重国。（卷十九◎赵策二）

前298年

赵策 >　｜　秦攻赵于长平 >　｜　卷二十

'强者善攻，弱者不能自守'。现在坐等受命于秦，秦军不劳攻战就可多得土地，这简直是在增强秦国、削弱赵国自己，去增强更加强大的秦国、削弱更加疲弱的赵国。采取这种计策，结局就会没完没了，况且，秦国是个虎狼般贪戾的国家，无礼义之心。它的要求没有穷尽，而您的土地有限。以有限的土地，去满足无穷无尽的要求，赵国势必只有灭亡了。所以说，楼缓这些话是花言巧语。您一定不要割地。"赵王说："行。"

【原文】

楼缓闻之，入见于王，王又以虞卿言告之。楼缓曰："不然。虞卿得其一，未知其二也。夫秦、赵构难而天下皆说，何也？曰：'我将因强而乘弱。'今赵兵困于秦，天下之贺战者，则必尽在于秦矣。故不若亟割地求和，以疑天下慰秦心。不然，天下将因秦之怒，乘赵之敝而瓜分之，赵且亡，何秦之图？王以此断之，勿复计也。"

虞卿闻之，又入见王曰："危矣！楼子之为秦也！夫赵兵困于秦，又割地求和，是愈疑天下而何慰秦心哉？是不亦大示天下弱乎？且臣曰勿予者，非固勿予而已也。秦索六城于王，王以五城赂齐。齐，秦之深雠也，得王五城，并力而西击秦也，齐之听王，不待辞之毕也。是王失于齐而取偿于秦，一举结三国之亲，而与秦易道也。"赵王曰："善！"因发虞卿东见齐王，与之谋秦。

虞卿未反，秦之使者已在赵矣。楼缓闻之，逃去。

【译文】

楼缓得知虞卿的话后，又去拜见赵王，赵王又把虞卿的话告诉他，楼缓说："不对。虞卿只知其一，不知其二。秦、赵交战，诸侯都高兴，这是为什么？回答是：'我们要借助强者去战胜弱者。'现在赵军被秦军所困，诸侯中庆贺胜利的人，必定都在秦国。所以，您不如赶快割地求和，以迷惑诸侯，安定秦国。否则，诸侯们将借助秦国的强大，对赵国趁火打劫，来瓜分赵国。赵国就快灭亡了，哪里还能对付秦国呢？大王就这样决定吧，不要再考虑了。"

虞卿听说后，又去拜见赵王，说："楼缓完全是在为秦国打算，这太危险了。赵军已被秦军所困，还要割地言和，这只会使诸侯更加迷惑，怎能定安秦国呢？这不也在诸侯面前公开暴露自己软弱吗？而且我说不割，不是简单的不割。秦国向大王索取六城，大王把五城送给齐国。齐国是秦国的大敌，得了您的五城，不等把话说完，定会与您联合攻秦，听命于您。大王在齐国失去的，就能从秦国得到补偿。这样，您一举而与齐、魏、韩三国结成友好联盟，从而改变了以前跟秦国的地位和形势。"赵王说："很好。"于是派虞卿去拜见齐王，与他策划，共同谋秦。

虞卿还没有从齐国返回，秦国使者已到赵国。楼缓听说后，便从赵国逃跑了。

客见赵王

【原文】

客见赵王曰："臣闻王之使人买马也，有之乎？"王曰："有之。""何故至今不遣？"王曰："未得相马之工也。"对曰："王何不遣建信君乎？"王曰："建信君有国事，又不知相马。"曰："王何不遣纪姬乎？"王曰："纪姬，妇人也，不知相马。"对曰："买马而善，何补于国？"王曰："无补于国。""买马而恶，何危于国。"王曰："无危于国。"对曰："然则买马善而若恶，皆无危补于国。然而王之买马也，必将待工。今治天下，举错非也，国家为虚戾，而社稷不血食，然而王不待工，而与建信君，何也？"赵王未之应也。

客曰："燕郭（郭燕）之法，有所谓柔痈者，王知之乎？"王曰："未之闻也。""所谓柔痈者，便辟左右之近者，及夫人、优笑、孺子也。此皆能乘王之醉昏，而求所欲于王者也。是能得之乎内，则大臣为之枉法于外矣。故日月晖于外，其贼在于内；谨备其所憎，而祸在于所爱。"

【译文】

有位客人拜见赵王说："我听说大王派人去买马，

有这回事吗？"赵王说："有这回事。""为什么到现在还不见派人呢？"赵王说："没有找到会相马的人。"客人问："大王为什么不派建信君去呢？"赵王说："建信君有公事，他又不懂得相马。"客人说："大王为什么不派纪姬去呢？"赵王说："纪姬是女人，不懂得相马。"客人问："买到好马，对国家有什么利益？"赵王说："对国家没有什么利益。""买到坏马，对国家有什么危害？"赵王说："对国家没有什么危害。"客人问："既然买到好马或坏马，对国家没有利益或危害，大王买马一定要等待会相马的人。现在大王您治理国家，政治措施不当，国家衰败，将成废墟，甚至不能继续祭祀，可是大王不等待善于治理国家的人，却把大权交给了建信君，这是为什么？"赵王无言以对。

客人说："郭偃之法，有所谓'柔痈'的说法，大王知道吗？"赵王说："没有听说过。""所谓'柔痈'就是指国君所宠爱的左右亲近以及国君的夫人、宠爱的艺人和年轻的美女。这些人都是些能乘国君醉昏之时对国君任意提出要求，并能得到满足的人。这些人的欲望如果在朝中得以满足，那么大臣就能在外贪赃枉法，为非作歹了。所以，太阳和月亮的光芒照亮了全世界，可它们内部仍然有黑点；人们对于所憎恶的人，虽然总是小心谨慎地加以戒备，可是祸害不发生在'所憎'的人身上，反而恰恰发生在'所爱'的人身上啊！"

赵太后新用事

【原文】

赵太后新用事，秦急攻之。赵氏求救于齐。齐曰："必以长安君为质，兵乃出。"太后不肯，大臣强谏。太后明谓左右："有复言令长安君为质者，老妇必唾其面！"

左师触龙言愿见太后，太后盛气而胥之。入而徐趋，至而自谢，曰："老臣病足，曾不能疾走，不得见久矣。窃自恕，而恐太后玉体之有所郄也，故愿望见太后。"太后曰："老妇恃辇而行。"曰："日食饮得无衰乎？"曰："恃粥耳。"曰："老臣今者殊不欲食，乃自强步，日三四里，少益嗜食，和于身也。"太后曰："老妇不能。"太后之色少解。

【译文】

赵太后刚执政，秦国就加紧进攻赵国。赵国向齐国请求救兵。齐国提出条件说："必须拿长安君做人质，才派出援兵。"赵太后不肯，大臣们一再劝说。太后明确地告诉她的左右侍臣说："有谁再说让长安君去做人质的，我一定吐他一脸唾沫。"

左师公触龙声言要拜见太后，太后怒气冲冲地等着他。

他走进门，很吃力地快走几步，到了太后跟前，首先自我请罪，说："我的脚有毛病，竟然不能快走，所以很久没有来拜见您了。虽然我自己原谅自己，但又惦记着太后贵体是不是有什么不适，所以想要来看望太后。"太后说："我只能依靠车子走动走动。"左师公问："您每天饮食还没减少吧？"太后回答说："只能吃点稀粥罢了。"左师公说："我最近特别不想吃东西，自己就勉强地散散步，每天走上三四里，渐渐地便想吃点东西了，这对身体是有好处的。"太后说："我可不行。"这时太后的脸色变得和气了些。

触龙说赵太后

战国策

一一〇

【原文】

左师公曰："老臣贱息舒祺，最少，不肖。而臣衰，窃爱怜之，愿令得补黑衣之数，以卫王宫，没死以闻。"太后曰："敬诺。年几何矣？"对曰："十五岁矣。虽少，愿及未填沟壑而托之。"太后曰："丈夫亦爱怜其少子乎？"对曰："甚于妇人。"太后笑曰："妇人异甚。"对曰："老臣窃以为媪之爱燕后，贤于长安君。"曰："君过矣，不若长安君之甚。"左师公曰："父母之爱子，则为之计深远。媪之送燕后也，持其踵为之泣，念悲其远也，亦哀之矣。已行，非弗思也，祭祀必祝之，祝曰：'必勿使反。'岂非计久长有子孙相继为王也哉！"太后曰："然。"

左师公曰："今三世以前，至于赵之为赵，赵主之子孙侯者，其继有在者乎？"曰："无有。"曰："微独赵，诸侯有在者乎？"曰："老妇不闻也。""此其近者祸及身，远者及其子孙。岂人主之子侯则必不善哉？位尊而无功，奉厚而无劳，而挟重器多也。今媪尊长安君之位，而封之以膏腴之地，多予之重器，而不及今令有功于国，一旦山陵崩，长安君何以自托于赵？老臣以媪为长安君计短也，故以为其爱不若燕后。"太后曰："诺。恣君之所使之。"于是为长安君约车百乘质于齐，齐兵乃出。

子义闻之曰："人主之子也，骨肉之亲也，犹不能恃无功之尊，无劳之奉，而守金玉之重也，而况人臣乎！"

【译文】

左师公触龙说："老臣我有个儿子叫舒祺，年龄小，没什么出息。我已经年老体衰了，私下里很疼爱他。我希望他能充当一名王宫卫士，来保卫王宫。因此我冒死来向太后提出这一请求。"太后说："好吧。他今年多大了？"触龙答道："十五岁了。虽然年纪尚小，老臣还是想趁着自己没死之前把他托付给您。"太后说："男子汉也疼爱自己的小儿子吗？"触龙答道："比妇人家还厉害。"太后笑着说："妇人家疼爱小儿子才特别厉害呢。"触龙说："老臣私下里还认为您疼爱燕后要超过长安君呢。"太后说："你错了，我疼爱燕后远不如疼爱长安君厉害。"触龙说："为人父母疼爱子女，就应该替他们做长远打算。您送别燕后时，在车下握着她的脚踝，为她掉泪，因为您想到她要离家远嫁。这就是爱她啊！燕后走了以后，您并不是不想念她，祭礼时总是要替她祷告说：'千万别叫她回来。'这难道不是替她做长远打算，希望她的子孙世代为王吗？"太后说："正是这样。"

左师公触龙问："从现在起，上推到三代以前，甚至推到赵氏立国的时候，赵王子孙被封侯的，他们的后代还有在侯位的吗？"太后答道："没有。"触龙又问："不只是赵国，就是其他诸侯的子孙，他们的后代还有在侯位的吗？"太后答道："没有听说过。"触龙就说：

"这些封君们，有些是自己取祸而亡；有些是祸患延及子孙而亡。难道说国君的子孙们都不会有好结果吗？他们地位尊贵却无功于国，俸禄丰厚但没有为国出力，只是拥有大量的金玉珍玩而已。现在您使长安君的地位很尊贵，又封给他肥沃的土地，给他很贵重的金玉珍玩，却不让他趁现在为国立功。有朝一日太后您不幸去世，长安君将依仗什么在赵国安身立命呢？老臣认为您替长安君打算得不够长远，所以说疼爱长安君不如疼爱燕后。"太后说："好吧，那就任凭您怎样安排他吧！"于是为长安君准备一百辆随行的车辆，送他到齐国充当人质，齐国这才出兵援救赵国。

子义听说了这件事，感叹道："君主的儿子，是骨肉之亲，尚且不能倚仗没有功勋的高位、没有劳绩的俸禄，来长期守住金玉珍玩，更何况是做臣子呢！"

魏策

敝家財
陳氏
買齊國

名句：无故索地，邻国必恐；重欲
无厌，天下必惧。（卷二十二◎魏
策一）

……前455年

魏策 > ｜ 西门豹为邺令 > ｜ 卷二十二

西门豹为邺令

【原文】

西门豹为邺令，而辞乎魏文侯。文侯曰："子往矣，必就子之功，而成子之名。"西门豹曰："敢问就功成名，亦有术乎？"文侯曰："有之。夫乡邑老者而先受坐之士，子入而问其贤良之士而师事之，求其好掩人之美而扬人之丑者而参验之。夫物多相类而非也，幽莠之幼也似禾，骊牛之黄也似虎，白骨疑象，武夫类玉。此皆似之而非者也。"

【译文】

西门豹出任邺令，向魏文侯辞行。魏文侯说："你去吧，一定使你成功、成名。"西门豹说："请问成功、成名也有方法吗？"文侯说："有方法啊。乡邑中的老者总是那些先入座的人，你到那里要寻找老人中德才兼备者，拜他们为师。对那些喜好掩盖别人优点、宣扬别人缺点的人，要根据事实进行考察。事物总是似是而非的，莠草的幼苗像禾苗，骊牛的毛色像老虎，白骨好似象牙，武夫好似玉石。这些都是所谓似是而非的事物啊！"

齐、魏战于马陵

【原文】

齐、魏战于马陵，齐大胜魏，杀太子申，覆十万之军。魏王召惠施而告之曰："夫齐，寡人之仇也，怨之至死不忘，国虽小，吾常欲悉起兵而攻之，何如？"对曰："不可。臣闻之，王者得度，而霸者知计。今王所以告臣者，疏于度而远于计。王固先属怨于赵，而后与齐战。今战不胜，国无守战之备，王又欲悉起而攻齐，此非臣之所谓也。王若欲报齐乎，则不如因变服折节而朝齐，楚王必怒矣。王游人而合其斗，则楚必伐齐，以休楚而伐罢齐，则必为楚禽矣。是王以楚毁齐也。"魏王曰："善。"乃使人报于齐，愿臣畜而朝。

【译文】

齐、魏在马陵作战，齐军大胜魏军，杀死魏太子申，覆灭魏国十万大军。这时魏王把宰相惠施找来说："齐国是寡人的仇敌，这种仇恨终生难忘。魏国虽小，但是寡人想动员全国兵力攻打齐国，不知你以为如何？"惠施回答说："不可以。臣听说，以德治天下的要守法度，以力制天下的要常用计谋。现在君王告诉臣下的，既不合乎法度，又不合乎计谋。君王本来是先怨恨赵国，然后才派兵

名句：将欲败之，必姑辅之；将欲
取之，必姑与之。（卷二十二◎魏
策一）

······**前455年**

魏策 > ｜ 齐、魏战于马陵 > ｜ 卷二十三

战国策

攻打齐国。如今战败，
国家没有防御措施，可
是君王又想动员全国兵
力讨伐齐，这就不是臣
所说的守法度和用计谋
了。假如君王要报齐国
之仇，还不如脱下天子
之服，换上诸侯之装，
取消天子称号，以诸侯
身份去齐国朝贡，如此
楚王必然大怒。这时君
王再派游说之士，挑拨
楚、齐两国交战，那楚
国必然攻打齐国。凭安
定的楚国来攻打动乱的

马陵之战

齐国，齐国必然被楚国战败，这就等于是君王用楚来征服
齐。"魏惠王说："好计策！"于是就派使者前往齐国，
表示愿意对齐王尽臣子之礼来朝贡。

庞葱与太子质于邯郸

【原文】

庞葱与太子质于邯郸，谓魏王曰："今一人言市有虎，王信之乎？"王曰："否。""二人言市有虎，王信之乎？"王曰："寡人疑之矣。""三人言市有虎，王信之乎？"王曰："寡人信之矣。"庞葱曰："夫市之无虎明矣，然而三人言而成虎。今邯郸去大梁也远于市，而议臣者过于三人矣。愿王察之矣。"王曰："寡人自为知。"于是辞行，而谗言先至。后太子罢质，果不得见。

战国时期魏国名相李悝

【译文】┈┈┈┈┈┈┈┈┈┈┈┈┈┈┈┈┈┈┈┈

　　庞葱和魏国太子要到赵国做人质。庞葱对魏惠王说："现在有一个人说市场上有老虎，大王相信吗？"魏王说："不信。""有两个人说市场上有老虎，大王相信吗？"魏王说："寡人就有些怀疑了。""有三个人说市场上有老虎，大王相信吗？"魏王说："寡人相信了。"庞葱说："市上没有老虎是明明白白的，可是三个人说有老虎，就像真的有老虎了。现在邯郸离大梁比街市远得多，而议论臣下的人要远远超过三个人，希望大王能对此明察。"魏王说："寡人自己知道分辨。"于是庞葱辞别上路，而毁谤他的话很快传到魏王那里。后来太子不做人质回魏了，庞葱果然没能得到召见。

梁王魏婴觞诸侯于范台

【原文】

梁王魏婴觞诸侯于范台。酒酣，请鲁君举觞。鲁君兴，避席择言曰："昔者，帝女仪狄作酒而美，进之禹，禹饮而甘之，遂疏仪狄，绝旨酒。曰：'后世必有酒亡其国者。'齐桓公夜半不嗛，易牙乃煎敖燔炙，和调五味而进之，桓公食之而饱，至旦不觉，曰：'后世必有以味亡其国者。'晋文公得南之威，三日不听朝，遂推南之威而远之，曰：'后世必有以色亡其国者。'楚王登强台而望崩山，左江而右湖，以临彷徨，其乐忘死，遂盟强台而弗登，曰：'后世必有以高台陂池亡其国者。'今主君之尊，仪狄之酒也；主君之味，易牙之调也；左白台而右闾须，南威之美也；前夹林而后兰台，强台之乐也。有一于此，足以亡其国。今主君兼此四者，可无戒与！"梁王称善相属。

【译文】

梁惠王魏婴在范台宴请各诸侯。当酒兴正浓时，梁惠王请鲁君向各位劝酒。鲁君站起来，离开座席，恭敬地祝酒说："从前，尧帝的女儿仪狄造酒，味道很美，进献给大禹。大禹喝了感到味道甘美，就疏远了仪狄，并戒绝美酒，说：'后世必有因嗜酒而亡国的。'齐桓公半夜感到饿了，易牙就烹熬烧烤，做出五味调和的菜肴献给齐桓公。桓公吃了感到很满足，一直睡到第二天早晨还没有醒来，他说：'后世必有因贪味而亡国的。'晋文公得到美女南之威，一连三天因迷恋美色不理朝政，他就推开南之威，疏远了她，说："后世必有因好色而亡国的。"楚王登上强台，远望崩山，俯瞰左边是长江，右边是洞庭，下临彷徨大泽，以致乐而忘死，于是他发誓不再登上强台，说：'后世必有因陶醉于高台、美池而亡国的。'现在主君杯子里装的像是仪狄酿的美酒；吃的都是像易牙烹调的美味佳肴；左手抱着美女白台，右手搂着美女闾须，都是像南之威那样美丽；您前面拥有夹林，后边拥有兰台，都是像强台那样的乐苑。这只要有其中之一，就足以亡国。现在主君对这四种兼而有之，能不引以为戒吗？"梁惠王很称赞鲁君这一番议论，并告诉在座的诸侯要引以为戒。

战国晚期梁十九年鼎

秦将伐魏

【原文】

秦将伐魏。魏王闻之，夜见孟尝君，告之曰："秦且攻魏，子为寡人谋，奈何？"孟尝君曰："有诸侯之救则国可存也。"王曰："寡人愿子之行也。"重为之约车百乘。

孟尝君之赵，谓赵王曰："文愿借兵以救魏。"赵王曰："寡人不能。"孟尝君曰："夫敢借兵者，以忠王也。"王曰："可得闻乎？"孟尝君曰："夫赵之兵非能强于魏之兵，魏之兵非能弱于赵也。然而赵之地不岁危，而民不岁死；而魏之地岁危，而民岁死者，何也？以其西为赵蔽也。今赵不救魏，魏歃盟于秦，是赵与强秦为界也，地亦且岁危，民亦且岁死矣。此文之所以忠于大王也。"赵王许诺，为赵兵十万，车三百乘。

又北见燕王曰："先日公子常约两王之交矣。今秦且攻魏，愿大王之救之。"燕王曰："吾岁不熟二年矣，今又行数千里而以助魏，且奈何？"田文曰："夫行数千里而救人者，此国之利也。今魏王出国门而望见军，虽欲行数千里而助人，可得乎？"燕王尚未许也。田文曰："臣效便计于王，王不用臣之忠计，文请行矣，恐天下之将有大变也。"王曰："大变可得闻乎？"曰："秦攻魏，未能克之也，而台已燔，游已夺矣。而燕不救魏，魏王折节割地，以国之半与秦，秦必去矣。秦已去魏，魏王悉韩、魏之兵，又西借秦兵，以因赵之众，以四国攻燕，王且何利？利行数千里而助人乎？利出燕南门而望见军乎？则道里近而输又易矣，王何利？"燕王曰："子行矣，寡人听子。"乃为之起兵八万，车二百乘，以从田文。

魏王大说曰："君得燕、赵之兵甚众且亟矣。"秦王大恐，割地请讲于魏。魏因归燕、赵之兵而封田文。

【译文】┈┈┈┈┈┈┈┈┈┈┈┈┈┈┈┈┈

秦国准备攻打魏国，魏王听说以后，晚上会见了相国孟尝君，告诉他说："秦国准备攻打魏国，您为我出谋划策，我该怎么办？"孟尝君说："如果有诸侯的救援，那么国家可以保全。"魏王说："我希望您为我走一趟。"并郑重地为他准备好一百辆战车。

孟尝君来到赵国，对赵王说："我希望借兵来救魏国。"赵王说："我不能借。"孟尝君说："敢来向大王借兵的，是忠于大王的人啊。"赵王说："可以听听你的道理吗？"孟尝君说："赵军并不比魏军强，魏军并不比赵军弱。可是赵国年年太平无事，百姓也不见年年死亡；相反魏国年年战乱，百姓年年有死亡的，这是为什么呢？因为魏国在西边成了赵国的屏障。如果赵国不救魏国，魏国就要与秦国结盟。这样，赵国就等于直接和强秦为邻。赵国将年年有战乱，百姓将年年有死亡。这就是我所说的'忠于大王'啊。"赵王答应借兵，于是为魏国派兵十万，战车三百辆。

孟尝君又到北边去拜见燕王，说："以前公子常邀约魏国和燕国结为盟国。现在秦国准备攻打魏国，希望大王能救援魏国。"燕王说："我们连着两年收成不好，如果又要行军数千里去援助魏国，可怎么办呢？"孟尝君田文说："行军数千里去救人，这是国家的大利。现在，魏王一出国门就可以看见秦军，即使想要行军数千里去救人可能吗？"燕王还未答应借兵。田文接着说："我献给大王有利的计谋，可大王不用我的忠心计策，那么我只得请求离开。我担心天下将要发生大的变化呀。"燕王说："我能够听听有什么大

孟尝君偷过函谷关

一三三

变化吗？"田文说："秦国攻打魏国，还没能战胜魏国，
游观的高台就已经被焚烧了，国君宴乐射猎的离宫也被占
领了。如果燕国不援救魏国，魏王就会割地屈膝求和，以
半个魏国献给秦国，秦军一定会撤退。秦军从魏国撤退以
后，魏王率领韩、魏大军，又从西边借来秦军，再联合赵
军，用四国联军去攻打燕国，大王还有什么好处呢？当
魏、秦、韩、赵四国联军兵临城下之时，到底是'行数千
里去助人'有利呢，还是出燕都南门就看见四国联军有利
呢？四国兵临城下，燕国和四国相距已很近了，运输也方
便，这个时候，大王又有什么好处呢？"燕王说："您可
以走了，我听从您的。"于是为魏国派兵八万，战车二百
辆，跟随田文。

魏王非常高兴，说："您借来燕、赵军队很多，而且
又快。"秦王十分害怕，便向魏国割地求和。于是魏国归
还燕、赵的军队，并加封田文。

魏王欲攻邯郸

【原文】

魏王欲攻邯郸，季梁闻之，中道而反，衣焦不申，头尘不浴，往见王曰："今者臣来，见人于大行，方北面而持其驾，告臣曰：'我欲之楚。'臣曰：'君之楚，将奚为北面？'曰：'吾马良。'臣曰：'马虽良，此非楚之路也。'曰：'吾用多。'臣曰：'用虽多，此非楚之路也。'曰：'吾御者善。'此数者愈善，而离楚愈远耳。今王动欲成霸王，举欲信于天下，恃王国之大，兵之

（战国）二十八宿衣箱

战国策

一三六

孟尝君偷过函谷关

精锐，而攻邯郸，以广地尊名，王之动愈数，而离王愈远耳，犹至楚而北行也。"

【译文】

魏王想要攻打邯郸，季梁听说后，半路上就返了回来，衣服的皱缩没来得及舒展，头上的尘土没来得及洗去，就前去拜见魏王说："臣下今天回来的时候，在大路上看见一个人，正朝着北面赶他的车，并告诉臣下说：'我要到楚国去。'臣下说：'您要到楚国去，为什么往北走？'他说：'我的马好。'臣说：'马虽好，可这根本不是去楚国的路啊。'他说：'我的路费多。'臣说：'路费虽多，这毕竟不是去楚国的路啊。'他又说：'我的车夫驾车技术好。''这几样越好，离楚国就越远了。'现在大王的行动是想成就霸主的事业，想取信于天下。然而依仗大王国家的强大，军队的精锐，而去攻打邯郸，来扩展土地使名分尊贵，大王的行动越多，离大王的事业就越远，犹如想去楚国却往北走一样。"

魏王与龙阳君共船而钓

【原文】

魏王与龙阳君共船而钓，龙阳君得十余鱼而涕下。王曰："有所不安乎？如是，何不相告也？"对曰："臣无敢不安也。"王曰："然则何为涕出？"曰："臣为臣之所得鱼也。"王曰："何谓也？"对曰："臣之始得鱼也，臣甚喜；后得又益大，今臣直欲弃臣前之所得矣。今以臣凶恶，而得为王拂枕席。今臣爵至人君，走人于庭，辟人于途。四海之内，美人亦甚多矣，闻臣之得幸于王也，必褰裳而趋王。臣亦犹曩臣之前所得鱼也，臣亦将弃矣，臣安能无涕出乎？"魏王曰："诶！有是心也，何不相告也？"于是布令于四境之内，曰："有敢言美人者，族。"

由是观之，近习之人，其挚诒也固矣，其自纂繁也完矣。今由千里之外，欲进美人，所效者庸必得幸乎？假之得幸，庸必为我用乎？

（战国）变形蟠龙纹敦

而近习之人相与怨，我见有祸，未见有福；见有怨，未见有德。非用知之术也。

【译文】

魏王与男宠龙阳君同坐在一条船上钓鱼，龙阳君钓了十几条鱼却流泪了。魏王说："你有什么不称心的事吗？如果有，为什么不告诉我呢？"龙阳君回答说："我没有什么不称心的事。"魏王说："那为什么要流泪呢？"回答说："我为我所钓到的鱼而流泪。"魏王说："什么意思？"回答说："我开始钓到鱼，很高兴；后来钓到更大的鱼，便只想把以前钓到的鱼扔掉。如今我凭着丑陋的面孔，能有机会侍奉在大王的左右。我的爵位被封为龙阳君，在朝廷中，大臣们都趋附我；在路上，人们也为我让道。天下的美人很多，知道我得到大王的宠幸，她们也一定会提起衣裳跑到大王这里来。到那时，我比不上她们，就成了最初钓的鱼，也是会被扔掉的，我怎么能不流泪呢？"魏王说："贤卿错了！你既然有这种心思，为什么不早告诉我呢？"于是下令全国，说："有谁敢谈论'美人'的，罪灭九族。"

由此看来，帝王身边所宠爱的人施展谄媚阿谀的手段，已是很牢固了；他们掩护自己蒙蔽君王的办法，也是非常完备的。现在从千里之外有人想进献美人，可献来的美人，难道一定能够受到宠爱吗？假如能够得到宠爱，难道国君都会听从那些进献美人的人吗？而国君身边受宠的人，都抱怨那个进献美人的人，他们只见到有祸，而没有见到有福；只见到有怨恨，而没有看到恩惠。所以，向君王进献美女并不是运用智谋的办法。

楚灵王
秋诈
灭
陈蔡

韩策

战国策

一三二

申子请仕其从兄官

【原文】

申子请仕其从兄官，昭侯不许也。申子有怨色。昭侯曰："非所谓学于子者也。听子之谒而废子之道乎？又亡其行子之术，而废子之谒乎？子尝教寡人循功劳，视次第。今有所求，此我将奚听乎？"申子乃辟舍请罪，曰："君真其人也！"

【译文】

韩相国申不害为他的堂兄向韩昭侯求官做，韩昭侯不同意。申不害有怨气。韩昭侯说："我这还不是从您那儿学的吗？我是答应您的要求而废弃您执法的主张呢，还是实行您的主张而不答应您的要求呢？您曾教

申不害像

我，根据功劳的大小授予不同的奖赏，根据能力的强弱委任不同的官职。现在您有所求，这将使我无所适从了。"申不害不敢进入正室，而请求惩处，说："您真是人们理想的好国君啊！"

（战国）鸦首三足匜

韩傀相韩

【原文】

韩傀相韩，严遂重于君，二人相害也。严遂政议直指，举韩傀之过。韩傀以之叱之于朝。严遂拔剑趋之，以救解。于是严遂惧诛，亡去游，求人可以报韩傀者。

至齐，齐人或言："轵深井里聂政，勇敢士也，避仇隐于屠者之间。"严遂阴交于聂政，以意厚之。聂政问曰："子欲安用我乎？"严遂曰："吾得为役之日浅，事今薄，奚敢有请？"于是严遂乃具酒，觞聂政母前。仲子奉黄金百镒，前为聂政母寿。聂政惊，愈怪其厚，固谢严

战国晚期嵌绿松石卧牛

一三四

仲子。仲子固进，而聂政谢曰："臣有老母，家贫，客游以为狗屠，可旦夕得甘脆以养亲。亲供养备，义不敢当仲子之赐。"严仲子辟人，因为聂政语曰："臣有仇，而行游诸侯众矣。然至齐，窃闻足下义甚高，故直进百金者，特以为大人粗粝之费，以交足下之欢，岂敢以有求邪？"聂政曰："臣所以降志辱身，居市井者，徒幸而养老母。老母在，政身未敢以许人也。"严仲子固让，聂政竟不肯受。然仲子卒备宾主之礼而去。

【译文】

　　韩傀做韩国相国的时候，严遂也受到了韩王的重用，两个人彼此忌恨。严遂议事公正，直接指斥韩傀的行为，列举韩傀的过失。韩傀于是就在朝廷上叱骂他。严遂拔出宝剑追杀韩傀，由于别人的救助才解了围。于是严遂害怕被韩傀杀害，逃出韩国，游荡在外，寻找可以向韩傀报仇的人。

　　到了齐国，齐国有人说："轵地深井里的聂政，是一个勇士，躲避仇人隐藏在屠夫之中。"严遂就暗中与聂政交往，有意厚待他。聂政问严遂说："您想让我干什么？"严遂说："我有幸能为您效劳的日子还很短，然而现在事情又很急迫，怎么敢有所求呢？"于是严遂就准备酒菜，向聂政母亲敬酒。严遂又拿出百镒黄金，为聂政母亲祝寿。聂政很吃惊，更加奇怪他何以厚礼相待，坚决辞谢严遂的盛情。严遂坚持进献，聂政辞谢说："我有老母

战国策

亲，家中贫寒，游荡他乡，以杀狗为业，早晚能够得到些甜美香软的食物奉养老母。母亲的供养已经够用，按情理实在不敢接受您的赏赐。"严遂于是避开周围的人，对聂政说："我有仇要报，曾游访过许多诸侯国。到了齐国，暗地里听说您很讲义气，所以直接送上百金，也只不过是作为老夫人粗茶淡饭的费用，好让足下高兴，怎敢有什么要求呢？"聂政说："我所以降低志向，辱没身份，隐居在市井之中，只是为奉养老母。老母活着，我的生命不敢交给别人。"严遂极力推让，聂政始终不肯接受礼物。然而严遂还是完成了宾主之礼才离开。

【原文】

久之，聂政母死。既葬，除服。聂政曰："嗟乎！政乃市井之人，鼓刀以屠。而严仲子乃诸侯卿相也，不远千里，枉车骑而交臣，臣之所以待之至浅鲜矣，未有大功可以称者。而严仲子举百金为亲寿，我虽不受，然是深知政也。夫贤者以感忿睚眦之意，而亲信穷僻之人，而政独安可嘿然而止乎？且前日要政，政徒以老母。老母今以天年终，政将为知已者用。"

遂西至濮阳，见严仲子曰："前所以不许仲子者，徒以亲在。今亲不幸，仲子所欲报仇者为谁？请得从事焉。"严仲子具告曰："臣之仇，韩相傀。傀又韩君之季父也，宗族盛，兵卫设，臣使人刺之，终莫能就。今足下幸而不弃，请益具车骑壮士，以为羽翼。"政曰："韩与卫，中间相去不远，今杀人之相，相又国君之亲，此其势不可以多人。多人不能无生得失，生得失则语泄，语泄则韩举国而与仲子为仇也，岂不殆哉！"遂谢车骑人徒，辞，独行仗剑至韩。

【译文】

　　过了很久，聂政的母亲死了。聂政把母亲安葬完毕，除去了丧服。聂政说："唉！我只是个市井平民，动刀杀畜罢了。而严遂却是诸侯的卿相，他不远千里，委屈车马来结交我，我对待他的情分，太浅薄了，没有可以称道的大功劳。而严遂却拿出百金为我的母亲祝寿，我虽然没有接受，然而他是深深理解我的人。贤德的人因为心中有令人激愤、怒目而视的仇恨，而来亲近穷困僻远的人，我怎么可以默然不动呢？况且严遂以前邀请我，我只是因为有老母而推辞。老母如今已享尽天年，我将为知己者报仇。"

　　于是向西到了濮阳，见到严遂说："从前没有答应您的原因，只是因为老母

战国时期燕国饕餮纹半瓦当

还在。如今老母不幸谢世，请问您想报仇的人是谁？请您
告诉我并让我去做。"严遂把全部情况都告诉聂政，说：
"我的仇人，是韩国相国韩傀。韩傀又是韩王的叔父，家
族庞大，卫兵设置严密，我曾派人刺杀他，一直没能成
功。现在承蒙您不抛弃我，请让我为您多准备车马、壮士
作为随从。"聂政说："韩国与卫国之间相距不远，如今
去杀人家的相国，相国又是韩王的至亲，在这种形势下不
可以多带人。人多了不能保证不出差错，出了差错就会泄
露秘密，泄露秘密就会使韩国举国上下与您为仇，岂不是
危险了？"于是辞谢了车马随从，告别而去，独自持剑来
到韩国。

【原文】

韩适有东孟之会，韩王及相皆在焉，持兵戟而卫者
甚众。聂政直入，上阶刺韩傀。韩傀走而抱哀侯，聂政刺
之，兼中哀侯，左右大乱。聂政大呼，所杀者数十人。因
自皮面抉眼，自屠出肠，遂以死。

韩取聂政暴尸于市，县购之千金。久之莫知谁子。

政姊闻之，曰："弟至贤，不可爱妾之躯，灭吾弟之
名，非弟意也。"乃之韩，视之曰："勇哉！气矜之隆。
是其轶贲、育而高成荆矣。今死而无名，父母既殁矣，兄
弟无有，此为我故也。夫爱身不扬弟之名，吾不忍也。"
乃抱尸而哭之曰："此吾弟轵深井里聂政也。"亦自杀于

尸下。

晋、楚、齐、卫闻之，曰："非独政之能，乃其姊者，亦列女也。"聂政之所以名施于后世者，其姊不避菹醢之诛，以扬其名也。

【译文】

恰逢韩国在东孟举行盛会，韩王和相国韩傀都在那里，手持武器护卫的人很多。聂政径直闯入，奔上台阶刺杀韩傀。韩傀逃跑抱住了韩哀侯，聂政用剑刺他，同时刺中了哀侯，左右的人大乱。聂政大吼，被他杀死的人有几十个。于是聂政自己刺烂脸面，挖出眼睛，自己剖腹，流出了肠子，很快就死去了。

韩国把聂政暴尸在市场上，悬赏千金想知道他的名字。过了很久，没有人知道他究竟是谁。

聂政的姐姐听说后，说："我的弟弟非常贤能，我不应该吝惜自己的身躯，而泯灭了弟弟的英名，这不是弟弟的本意。"于是她来到韩国，看到聂政的尸体说："勇敢啊！浩气雄壮。这样壮烈的行为超过了孟贲、夏育，高过了成荆。现在弟弟死了，却没留下名字，父母已经去世，我又没有其他兄弟，弟弟这样做是为了不牵连我啊。吝惜自己的身躯而不传扬弟弟的英名，我不忍心这样做。"她就抱着聂政的尸体哭着说："这是我的弟弟，轵地深井里的聂政。"也自杀在聂政的尸体旁。

晋、楚、齐、卫等国的人听说后，都说："不只是聂

一三九

名句：事不成，身必危，尚何足以图国之
全为？（卷二十七◎韩策二）释义：大事
不成必然自身难保，怎能考虑国家安全？

韩策 > | 韩傀相韩 > | 卷二十七

……前300年

政勇敢，就连他的姐姐也是一个刚烈女子。"聂政之所以能名传后世，是因为他的姐姐不怕自己被剁成肉酱而传扬他的名声。

战国策

一四二

燕昭王收破燕后即位

【原文】

燕昭王收破燕后即位，卑身厚币，以招贤者，欲将以报仇。故往见郭隗先生曰："齐因孤国之乱，而袭破燕。孤极知燕小力少，不足以报。然得贤士与共国，以雪先王之耻，孤之愿也。敢问以国报仇者奈何？"

郭隗先生对曰："帝者与师处，王者与友处，霸者与臣处，亡国与役处。诎指而事之，北面而受学，则百己者至。先趋而后息，先问而后嘿，则什己者至。人趋己趋，则若己者至。冯几据杖，眄视指使，则厮役之人至。若恣睢奋击，呴籍叱咄，则徒隶之人至矣。此古服道致士之法也。王诚博选国中之贤者，而朝其门下，天下闻王朝其贤臣，天下之士必趋于燕矣。"

【译文】

燕昭王收拾了残破的燕国之后，登上了王位。他谦卑恭敬，以厚礼重金招聘贤才，准备依靠他们报仇雪耻。于是，他去见郭隗先生说："齐国趁我国内乱，发动突然袭击，打败了燕国。我深知国小力弱，不可能报仇。然而如果能得到有才干的人，与他们共同管理国家，来洗雪先王的耻辱，这是我的愿望。请问要报国家的大仇，应该怎么办？"

郭隗先生回答说："成就帝业的国君以贤者为师，成就王业的国君以贤者为友，成就霸业的国君以贤者为臣，亡国的国君以贤者为奴仆。折节屈尊侍奉贤者，面向老师接受教导，那么，才干超过自己百倍的人就会到来。先于别人去劳役，后于别人去休息，先于别人向人求教，别人已经不求教了，自己还求教不止，那么，才干超过自己十倍的人就会到来。别人去学习，自己也跟着，那么和自己才能差不多的人就来了。如果靠着几案，挂着手杖，颐指气使，指手画脚，那么，干杂活、服苦役的人就会到来。如果对人暴虐粗野，随便发怒，任意呵斥，那么，只有唯唯诺诺、唯命是从的犯人和奴隶会到来。这些都是古代施行王道、招揽人才的办法。大王如果能够广泛选拔国内的人才而亲自登门拜访，天下人听说大王亲自拜访贤臣，天下的贤士就一定都会奔赴燕国。"

【原文】

昭王曰："寡人将谁朝而可？"郭隗先生曰："臣闻古之人君，有以千金求千里马者，三年不能得。涓人言于君曰：'请求之。'君遣之。三月得千里马，马已死，买其首五百金，反以报君。君大怒曰：'所求者生马，安事死马而捐五百金？'涓人对曰：'死马且买之五百金，况生马乎？天下必以王为能市马，马今至矣。'于是不能期年，千里之马至者三。今王诚欲致士，先从隗始，隗且见事，况贤于隗者乎？岂远千里哉！"

于是昭王为隗筑宫而师之。乐毅自魏往，邹衍自齐往，剧辛自赵往，士争凑燕。燕王吊死问生，与百姓同其共苦。二十八年，燕国殷富，士卒乐佚轻战。于是遂以乐毅为上将军，与秦、楚、三晋合谋以伐齐。齐兵败，闵王出走于外。燕兵独追北入至临淄，尽取齐宝，烧其宫室宗庙。齐城之不下者，唯独莒、即墨。

【译文】 ••••••••••••••••••••••••••••

昭王说："我应当拜访谁才合适呢？"郭隗先生说："我听说古代有个君王，想以千金求购千里马，但三年也没有买到。宫中有个内臣对国君说：'请让我去买吧。'国君就派他去。三个月后他找到了千里马，可是马已经死了，就以五百金买了那匹死马的头，回来报告国君。国君大怒，说：'我要找的是活马，死马有什么用？还白白花了五百金。'内臣回答说：'死马尚且肯花五百金，更何况活马呢？天下人由此一定会认为大王善于买马，那么千里马就会买到。'于是不到一年，千里马多次被送上门来。现在大王果真想招揽人才，就先从我开始吧。像我这样的人尚且被任用，何况比我更有才干的人呢？难道他们还会嫌千里为远而不到燕国来吗？"

燕昭王于是专为郭隗修建了官宅，并且尊他为师。不久，乐毅从魏国来了，邹衍从齐国来了，剧辛从赵国来

战国策

燕昭王复国

了，有才干的人都争先恐后地聚集到燕国。燕昭王悼念死去的人，安慰活着的人，同老百姓同甘共苦。二十八年后，燕国殷实富裕了，士兵生活安适，都乐意为国而战。于是，燕昭王就任命乐毅为上将军，与楚、秦、赵、魏、韩等国合谋讨伐齐国。齐国大败，齐闵王逃往国外。燕国的军队单独追击败逃的齐军，攻下齐都临淄，把那里的宝物全部掠去，烧毁了齐国的宫殿、宗庙。齐国的城邑没有被攻下的，只有莒和即墨两处。

苏代为燕说齐

【原文】

苏代为燕说齐，未见齐王，先说淳于髡曰："人有卖骏马者，比三旦立于市，人莫知之。往见伯乐曰：'臣有骏马，欲卖之，比三旦立于市，人莫与言。愿子还而视之，去而顾之，臣请献一朝之贾。'伯乐乃还而视之，去而顾之，一旦而马价十倍。今臣欲以骏马见于王，莫为臣先后者。足下有意为臣伯乐乎？臣请献白璧一双，黄金千镒，以为马食。"淳于髡曰："谨闻命矣。"入言之王而见之，齐王大说苏子。

【译文】

苏代为燕国去游说齐国，没有见齐威王之前，先对淳于髡说道："有一个卖骏马的人，接连三天早晨都守候在市场里，也无人知道他的马是匹骏马。卖马人很着急，于是去见伯乐说：'我有一匹骏马，想要卖掉它，可是接连三天早晨去市场，也没有哪个人来问一下。希望先生您能绕着我的马看一下，离开时回头再瞅一眼，这样我愿意给您一天的费用。'伯乐于是就绕着马看了看，离去时又回头看了一眼，结果马的身价一个早晨竟然涨了十倍。现在我想把'骏马'送给齐王看，可是没有替我前后周旋的

一四七

名句：齐君臣不亲，百姓离心，燕
因使乐毅大起兵伐齐，破之。（卷
二十九◎燕策二）

……前285年

燕策 > | 赵且伐燕 > | 卷三十

人。先生有意做我的伯乐吗？我愿送给您白璧一双，黄金千镒，以此作为您的辛苦费吧。"淳于髡说："愿意听从您的吩咐。"于是淳于髡进宫向齐王做了引荐，齐王接见了苏代，而且很喜欢他。

（战国）银首人俑铜灯

赵且伐燕

【原文】

　　赵且伐燕，苏代为燕谓惠王曰："今者臣来，过易水，蚌方出曝，而鹬啄其肉，蚌合而拑其喙。鹬曰：'今日不雨，明日不雨，即有死蚌。'蚌亦谓鹬曰：'今日不出，明日不出，即有死鹬。'两者不肯相舍，渔者得而并禽之。今赵且伐燕，燕、赵久相支以弊大众，臣恐强秦之为渔父也，故愿王之熟计之也。"惠王曰："善。"乃止。

鹬蚌相争，渔翁得利

名句：风萧萧兮易水寒，壮士一去兮不复还。（卷三十◎燕策三）释义：寒冷的易水边凉风萧瑟，壮士一去再无归来之日。

…… 前227年

燕策 > ｜ 赵且伐燕 > ｜ 卷三十

战国策

一五〇

【译文】

　　赵国准备进攻燕国。苏代为燕国向赵惠文王进言说："我今天来，经过易水，看见一只河蚌正从水里出来晒太阳，一只鹬鸟飞来啄住了河蚌的肉，河蚌马上闭拢又夹住了鹬鸟的嘴。鹬鸟说：'今日不下雨，明日不下雨，你就变成肉干了。'河蚌也对鹬鸟说：'今日不放你，明日不放你，你就成了死鹬。'鹬鸟和河蚌都不肯放开对方。一个渔翁走来毫不费力就把鹬鸟和河蚌都抓住了。现在赵国准备进攻燕国，如果燕、赵两国长期对抗，致使百姓疲惫不堪，我担心强秦就会成为'渔翁'了。所以希望大王深思熟虑啊。"赵惠文王说："好。"于是停止出兵进攻燕国。

（战国）彩绘彩漆浮雕龙纹盖豆

书 目